Der Herd eines Mannes

Eleanor M. Ingram

Writat

Diese Ausgabe erschien im Jahr 2023

ISBN: 9789359254296

Herausgegeben von
Writat
E-Mail: info@writat.com

Inhalt

KAPITEL I

Tony Adriance – „Millionen, wissen Sie!"

Der Mann, der im Steinpavillon Zuflucht gesucht hatte, zögerte, bevor er auf der geschwungenen Bank vor ihm Platz nahm. Er hatte den Eindruck, als würde er auf ein Willkommens- oder Entlassungszeichen des Sitzplatzinsassen warten; Als er keine erhielt, setzte er sich und richtete seinen Blick auf die breite Auffahrt, wo sich die Menschen vor dem plötzlichen Regenschauer zerstreuten. Es deutete eher auf Frühling als auf Herbst hin, dieser Schauer, der aus einer vom Wind verwehten Wolke hervorgekommen war und bereits vorüberzog.

Nach einem Moment zog er ein Zigarrenetui aus der Tasche und hielt dann inne. Offensichtlich kannte er die Etikette der öffentlichen Parks, ihre Freiheit und den Mangel an Formalitäten nicht. Er war neben einer Frau – einem Mädchen. Er hatte nicht den Wunsch, rücksichtslos zu sein, doch das Reden – im misstrauischen, sardonischen New York – lud zu Fehlkonstruktionen oder einem Flirt ein. Trotzdem--

"Darf ich rauchen?" Er stellte plötzlich und schroff seine Frage.

Das Mädchen drehte sich zu ihm um. Ihre Augen waren so grau wie der Regen; Ihr Gesichtsausdruck war stark von ihren Wimpern überschattet und hatte eine verschwommene Zurückhaltung, die an Gedanken erinnerte, die sie hastig aus weiter Ferne heraufbeschworen hatten. Ihm wurde klar, dass er hätte kommen, rauchen und wieder gehen können, ohne ihre Aufmerksamkeit zu erregen, ebenso wenig wie ein wehendes Blatt. Sie war keine Schönheit, aber ihm gefiel die klare Offenheit des Blicks, mit dem sie ihn beurteilte und richtig urteilte. Es gefiel ihm auch, dass sie nicht lächelte und dass ihr unerschütterlicher Blick weder Einladung noch Feindseligkeit erkennen ließ.

„Danke", antwortete sie. "Bitte."

Die Form ihrer Antwort kam ihm besonders gnädig und unerwartet vor, als würde sie mit beiden Händen geben, anstatt nur das Notwendige zu verteilen. Er hatte noch nie eine Frau gekannt, die gab; Seiner Erfahrung nach nahmen sie es immer. Unbewusst lüftete er seinen Hut, um den Tonfall und nicht die Erlaubnis zu würdigen. Das war natürlich alles. Während er seine Zigarre hervorholte, widmete sie sich wieder dem Studium des Flusses und des Himmels. Aber danach sah er sie unauffällig an.

Sie war ganz in Schwarz gekleidet, aber nicht im Schwarz der Trauer, urteilte er. Das Kostüm, schlicht, aber nicht schäbig, konventionell, ohne zeitgemäß zu sein, berührte ihn mit einem vagen Gefühl der Vertrautheit, entzog sich jedoch der Wiedererkennung. Es hätte ihm etwas über sie verraten sollen, aber das tat es nicht, außer dass sie nicht viel Geld für Kleider hatte. Er war nur wenig interessiert; er hätte vielleicht nicht noch einmal in ihre Richtung geblickt, wenn ihm nicht ihre verzückte Versunkenheit in das Sonnenuntergangspanorama vor ihnen aufgefallen wäre. Sie war zu dem Gedankenort zurückgekehrt, von dem seine Rede sie gerufen hatte; Sie zieht sich von allem um sie herum zurück wie jemand, der in einen geheimen Raum geht und eine Tür vor der Welt verschließt. Und sie sah glücklich aus, oder zumindest zufrieden mit ihren Träumen. Der Mann seufzte vor neidischer Ungeduld und bemühte sich, ihrem Blick zu folgen und den Zauber zu teilen.

Der Zauber war nicht für ihn. Der kurze Sturm hatte purpurne Wolkenmassen zurückgelassen, die am tiefrosafarbenen Himmel hingen, eine luftige Verhöhnung und Nachahmung der violetten Wand der Palisades, die knietief im rosigen Wasser des Hudson standen. Entlang der Kuppe der großen Felswände blühten Lichter wie Blumen durch den violetten Nebel, am Fuß der Mauern blitzten halb sichtbare Gebäude mit erleuchteten Fenstern auf. Er sah, dass alles sehr hübsch war, aber er hatte es schon hundertmal ohne besondere Emotionen gesehen.

Seine Zigarre war ausgetrunken, doch das Mädchen hatte sich kein einziges Mal bewegt. Plötzlich wie zuvor sprach er sie an, als er gehen wollte.

"Wo schaust du hin?" er forderte an. „Oh, ich versuche nicht, unverschämt zu sein – ich würde gerne wissen, was Sie sehen, was lohnenswert ist ? Sie haben sich eine halbe Stunde lang nicht bewegt. Ich wünschte, Sie könnten mir etwas Wertvolles zeigen.“

Wieder drehte sie sich um und betrachtete ihn mit ernster Aufmerksamkeit. Sein müdes junges Gesicht hielt dem prüfenden Blick stand; sie antwortete ihm.

„Ich sehe all die Dinge, die ich nicht habe.“

"Da drüben?"

Sie gab seinem Mangel an Vorstellungskraft nach.

„Na ja, da drüben. Weißt du nicht, dass es immer Feenland ist – der Ort dort drüben?“

„Es ist nur Jersey –?“

Sie korrigierte ihn.

„Der Ort außerhalb unserer Reichweite. Der Ort, zwischen dem und uns ein Fluss fließt oder sich eine Klippe erhebt. Man kann sich alles vorstellen, was dort sein könnte. Sehen Sie das düstere, unwirkliche Schloss dort im Schatten, dessen Fenster alle mit Licht von innen heraus glänzen.". Nun, es ist eine Fabrik, in der Seifenpulver hergestellt wird, aber von hier aus kann ich die schöne Rosamond sehen, wie sie sich aus ihren gewölbten Fenstern lehnt, wenn ich will, oder Ritter in Rüstung und mit Federn, die durch ihre Tore reiten."

"Oh!" Enttäuschung machte den Ausruf lustlos. „Geschichten gemacht, das warst du? Ich fürchte, ich kann das nicht sehen, danke; ich habe nicht den Kopf dafür."

Zum ersten Mal lächelte sie, mit einem warmen Leuchten ihrer regengrauen Augen und einem Madonna-ähnlichen beschützenden Ausdruck. Er verspürte einen so deutlichen Eindruck, als hätte sie ihm mit einem Anflug von Mitgefühl die Hand auf den Arm gelegt.

„Aber das sehe ich auch nicht so", erklärte sie. „Das war eine Veranschaulichung. Ich meine, dass man dort Bilder von all den *realen Dingen* machen kann, die für einen selbst nicht real sind; zumindest noch nicht real. Es ist wohl ein Spiel, das man spielt, während man wartet."

"Ich verstehe nicht."

Sie machte eine resignierende Geste und schwieg. Er war sich darüber im Klaren, dass das Vertrauen nicht weiter reichen würde.

„Danke", er akzeptierte die Zurechtweisung. „Es war gut von Ihnen, meine Neugier zu ertragen und – meine Rede nicht misszuverstehen."

„Oh nein! Ich hasse es jemals, etwas falsch zu verstehen; es ist so dumm."

Obwohl er aufgestanden war, ging er nicht sofort. Die Abendfarben verblassten, zuerst vom Fluss, dann vom Himmel. Mit der Plötzlichkeit des Herbstes brach die Dämmerung herein. Spielende Kinder, Jugendgruppen und Spaziergänger zogen in fröhlicher Strömung an dem kleinen Pavillon vorbei; Autos vervielfachten sich mit der Heimfahrtstunde der Stadt. New York dachte an Essen, einfach oder hervorragend, je nachdem, was es sein mag.

Das stille Tête-à-Tête im Pavillon wurde durch das leiseste Geräusch der Welt unterbrochen – das schläfrige, gurgelnde Lachen eines Babys beim Erwachen. Sofort geriet das Mädchen in Schwarz in Träumereien, und dann bemerkte der Mann zum ersten Mal, dass an ihrem Ende des geschwungenen Sitzes ein weiß-goldener Kinderwagen stand. Erstaunt und ungläubig sah er, wie sie Miniaturdecken aus frostweißen Daunen zurückwarf und sich über das kleine Gesicht beugte, das dort lag, rosa wie eine Malve. Zum ersten Mal in seinem Leben wurde er Zeuge des hübschen Nebenspiels im Kinderzimmer – fallengelassene Küsse, die antwortenden Streicheleinheiten pummeliger, nutzloser Hände, Liebesworte und antwortende Babysprache, unartikuliert, bezaubernd.

Die Szene drang tief in Gedankenwelten ein, von denen er nie gewusst hatte, dass sie im Hintergrund des Bewusstseins lagen. Bis vor ein paar Wochen hatte er nie besonders tiefgründig nachgedacht. Und dennoch kämpfte er und drehte sich in einem Gedankenkreis des Zweifels, anstatt nachzudenken. Das Mädchen und das Kind öffneten eine Tür, durch die er seltsame Ausblicke erhaschte, die in ihren verbotenen Möglichkeiten verblüffend waren. Er stand stumm da und schaute zu, bis sie sich zu ihm umdrehte. Ihr Gesicht war entzündet und lachend; Sie sah unendlich offen und gut aus. Aber – sie sah aus wie eine Magd, nicht wie eine Mutter. Irgendwie spürte er das.

"Sie sind verheiratet?" fragte er fast grob. „Ich hätte nicht gedacht – Du bist also verheiratet?"

In ihrem Gesichtsausdruck spiegelte sich Verachtung für seine Dumpfheit , Mitgefühl für seine Unwissenheit, vermischt mit dem lodernden Feuer eines intensiven Gefühls, das weit außerhalb seines Horizonts lag.

„Verheiratet? Nein. Sonst wäre ich nicht hier!"

„Warum? Wo wärst du?"

Das Baby stand aufrecht in seiner Kutsche. Das Mädchen legte einen Arm um die schwankende Gestalt, um die dicken kleinen Füße zu stützen, und antwortete ihrem Fragesteller.

„Wo? Zuhause natürlich, ich bereite mich auf meinen Mann vor! Wenn ich dort leben würde", – mit einer Geste in Richtung der hohen, luxuriösen Apartmenthäuser an der Straße dahinter, „würde ich mein schönstes Kleid auswählen und meine Haare auflockern." so, wie es ihm am besten gefiel. Wenn ich dort auf der anderen Seite des Flusses in einem dieser kleinen Häuser wohnen würde, würde ich das Haus mit Lampen erhellen, meine weißeste Schürze tragen und das Abendessen heiß machen – sehr heiß, denn es ist Frost darin Luft und er würde frieren und müde und hungrig sein. Und ich würde seinen Stuhl bereithalten und die Vorhänge zuziehen, weil er drinnen war und niemand sonst eine Rolle spielte. Sie hielt inne und holte tief Luft. „Dort würde ich sein", schloss sie, als würde sie einer langweiligen Schülerin geduldig Unterricht geben, und setzte das Baby wieder in die Kutsche, offensichtlich als Vorbereitung auf die Abreise.

Der Mann stand ganz still und benommen da. Aber als sie sich abwandte und zum Abschied ihr dunkles Köpfchen neigte, erwachte er und überholte sie mit großen Schritten.

„Vielen Dank", sagte er, „ich meine, dass du mich wissen lässt, dass sich jeder so fühlen könnte. Ich nehme an, dass sehr viele Leute das tun, nur dass ich noch nie so etwas getroffen habe? Nein, keine Sorge, wenn du antwortest; woher sollst du das wissen? Aber, Danke. Darf ich – wenn ich dich wiedersehe – mit dir sprechen?"

Sie musterte ihn ernst, als könne sie mit ihrer hellseherischen Fähigkeit die Geschichte aus seinem Gesicht ablesen, einem Gesicht mit offenen Brauen und durch seine quadratischen Umrisse auf Stärke angelegt, das aber irgendwie nur angenehm und passiv angenehm wirkte. Es war das Gesicht eines Mannes, der sich nie gegen einen Konflikt oder die Notwendigkeit einer strengen Entscheidung gewehrt hatte und dessen wahrer Charakter ein Schwert war, das noch nie aus der Scheide gezogen wurde. Und jetzt war er in Schwierigkeiten; so viel war offensichtlich. Er steckte in bitteren Schwierigkeiten und war, wie sie vermutete, mit den Schwierigkeiten allein.

Er akzeptierte stumm ihre prüfende Haltung und erkannte ihr Recht an, da er so viel verlangt hatte. Bevor sie sprach, kannte er ihre Antwort und sah sie in den grauen Augen angedeutet.

„Wenn Sie es sehr wünschen. Aber – nicht wieder zu früh."

Sie stieg vom Bordstein, ließ keine Antwort zu, aber ohne offensichtliche Eile, schob den Kinderwagen, in dem das Baby kicherte, und drehte sich um, um zu ihr zurückzuschauen . Er beobachtete, wie sie sich ihren Weg durch die rauschenden Schlangen des Vergnügungsverkehrs bahnte; sah, wie sie die andere Seite erreichte und hinter einem Hügel verschwand, der mit Rasen und immergrünen Pflanzen bedeckt war, die zwischen ihnen wuchsen. Die Frau, aus deren Gegenwart er zu dieser zufälligen Begegnung gekommen war, hatte ihm einmal gesagt, dass es absurd aussehe, wenn ein Mensch einen Kinderwagen antreibt. Er erinnerte sich jetzt an diese Aussage und fand sie nicht wahr. Es war so eine vernünftige Sache, so natürlich und gut. Zumindest schien es so, als dieses Mädchen es tat. Er beneidete den Mann, wer auch immer er war, der sie liebte oder lieben würde; beneidete ihn um die klare Einfachheit, die sie aus dem Leben machen würde, und um die Abwesenheit hasserfüllter Komplikationen.

Die Leute blickten neugierig auf seine regungslose Gestalt; er erwachte und ging weiter. Er hatte seine eigene Lebensweise gewählt, sagte er sich wütend; Es gab keine Entschuldigung zum Jammern, wenn ihm der Ort, wohin ihn der freie Wille geführt hatte, nicht gefiel. Doch – hatte er? Oder war er stattdessen gefangen gewesen? Der Zweifel war hässlich. Er ging schneller, um ihm zu entkommen, aber es lief ihm auf den Fersen wie eines dieser finsteren Dämonentiere aus mittelalterlichen Legenden.

Auf der anderen Seite des immer dunkler werdenden Flusses tauchten elektrische Schilder auf; gigantische Angelegenheiten drängten sich unverschämt in die unfreiwillige Aufmerksamkeit, wie sie tatsächlich durch Jerseys Wunsch nach der Schirmherrschaft der Großstadt geschaffen wurden. Der Mann blickte auf eines davon und las es mit mürrischem Abscheu: „ Adriances Papier." Diese einfache Ankündigung kennzeichnete eine Branche, sogar ein Monopol, die groß genug war, um mehr als einmal den vergeblichen Ermittlungen einer unruhigen Regierung ausgesetzt zu sein.

Der Familienname war hinreichend ungewöhnlich, das Familienvermögen hinreichend bekannt, um für ihn überall, wo er hingegangen war, gebündelt worden zu sein. In der Schule, auf dem College und später immer wieder hatte er einen Kurier erlebt, der ihm geflüstert hatte: „Young Adriance — Papier, wissen Sie. Millionen!" Und immer hatte es ihn in Schwierigkeiten gebracht; mit sechsundzwanzig begann er diese Tatsache gerade erst zu begreifen. Bisher war das Problem nie besonders ernst gewesen. Er hatte nie etwas begangen, was die Kirche seiner Mutter als Todsünde bezeichnet hätte. Dennoch stand er nur kurz vor dem Auftrag. Aber er konnte nicht zurückweichen; er war wie ein Mann, der unaufhaltsam an einen dunklen Ort gedrängt wurde.

Das Haus, nach dem er sich umdrehte, fesselte den Blick nicht durch protzige Zurschaustellung. Tatsächlich war es nur deshalb bemerkenswert, weil es eines der wenigen Häuser am unteren Riverside Drive war, das über Rasenflächen und Veranden verfügte. In einer Kleinstadt oder einem Vorort gelegen, wäre die graue Steinvilla lediglich „sehr hübsch" gewesen. Hier erlangte es den Wert eines Exoten. Als Anthony Adriance , Junior, an diesem Abend die Stufen hinaufstieg, kam es ihm so vor, als würde er aus seinen vielen blinkenden Fenstern arrogant auf das glitzernde Schild am gegenüberliegenden Ufer starren. Ursache und Wirkung erkennen einander gebührend an. Der Mann hielt inne, um sie beide anzusehen, dann ließ er seinen Blick auf die Allee unterhalb des terrassenförmig angelegten Rasens fallen. Auf diese Weise war das schwarzgekleidete Mädchen gegangen. Wahrscheinlich war sie in die Stadt abgebogen; Ihre Kleidung entsprach kaum der einer Bewohnerin der Nachbarschaft.

Der Mann, der Hut und Mantel entgegennahm, flüsterte respektvoll eine Botschaft. Herr Adriance war in der Bibliothek und wollte wissen, ob sein Sohn zu Hause speiste.

„Ja", war die prompte, sogar eifrige Antwort. „Sicherlich, wenn er es wünscht. Oder – egal, ich werde selbst hineingehen."

Die Anfrage war ungewöhnlich. Es war nicht die Gewohnheit von Mr. Adriance , die Bewegungen seines Sohnes in Frage zu stellen. Man hätte sagen können, dass sie ihn nicht interessierten. Er und „Tony" waren sehr gute Bekannte und lebten völlig reibungslos zusammen. Er war zu beschäftigt, zu egozentrisch und hochmodern, um sich eine wärmere Beziehung zu wünschen. Zuneigung war eine Sentimentalität, die in diesem Haushalt nie erwähnt wurde; ein verstümmelter Haushalt, denn Mrs. Adriance war zwanzig Jahre vor Tonys Volljährigkeit gestorben.

Aber es war keine Neugier, sondern eher eine seltsame, schwach aufflackernde Hoffnung, die in den Augen des jüngeren Mannes aufleuchtete, als er den Raum betrat und das Grußnicken seines Vaters erwiderte. Auf den ersten Blick waren sich die beiden nicht unähnlich; auf jeden Fall gute Gesichtszüge: Augen, die so dunkel waren, dass man sie oft für schwarz statt für blau hielt, aufrechte Gestalt, die ihre gemäßigte Körpergröße optimal ausnutzte – das hatten sie alle gemeinsam. Der große Unterschied zwischen ihnen lag im Ausdruck; der Unterschied zwischen ungehärtetem und gehärtetem Metall. Niemand hätte dem älteren Anthony jemals den Spitznamen „Tony" gegeben.

„Ich werde gerne mit Ihnen zu Abend essen", eröffnete der jüngere Anthony sofort. „Ich werde mich umziehen und zurückkommen. Wolltest du heute Abend den neuen Trab ausprobieren – ich glaube, du hast es gesagt?"

„Nein. Ich hatte heute Nachmittag eine Stunde Zeit", sagte Mr. Adriance , nahm einen Stift vom Tisch und drehte ihn zwischen seinen Fingern. Er hatte die Angewohnheit, manchmal mit kleinen Artikeln zu spielen – um die Aufmerksamkeit seiner Zuhörer abzulenken und nicht seine eigene, sagten diejenigen, die ihn gut kannten. Weder seinem Sohn noch ihm selbst kam es so unpassend vor, dass er eine Tanzstunde mit der sachlichen Entscheidung besprechen sollte, die seine Rede kalt und scharf erscheinen ließ wie das Knistern eines Schrittes auf einer frostigen Straße. „Es ist nicht so schwierig wie der Tango, aber anstrengender. Wo wollten Sie heute Abend essen? Bei den Mastersons ?"

Tony Adriance verfärbte sich langsam und schmerzhaft rot und brannte wie eine Flammennarbe über Gesicht und Hals.

„Fred hat mich gefragt", er machte sich die Antwort schwer. „Ich konnte da nicht so gut rauskommen, aber ich bin froh, einen Vorwand zu haben, um wegzubleiben. Es ist noch früh genug, um anzurufen."

Mr. Adriance drehte den Stift um.

„Wenn Masterson dort gewesen wäre, wären Sie vielleicht sicher gegangen", erklärte er.

"Wenn--"

„Genau. Ein Abendessen mit Mrs. Masterson reicht nicht mehr aus. Spreche ich mit einem erwachsenen Mann oder einem Jungen? Wenn Mrs. Masterson sich für die Scheidung entscheidet und Sie sie anschließend heiraten, ist das sehr gut. Es ist vollbracht, die Scheidung wird bei uns akzeptiert. Aber es darf kein Gerede über die Dame geben."

„Es gibt keinen Grund dafür", entgegnete der andere, aber der Verteidigung fehlte es an Feuerkraft. Er sah plötzlich ausgezehrt aus, und das beschämte Rot versengte sich noch tiefer. „Sie – ist nicht so nett."

„Nein. Sie ist sehr schlau." Er legte die Feder nieder und griff nach einem Buch. „Ich habe Sie gewarnt. Könnten Sie sich beim Anziehen etwas beeilen? Ich habe heute Abend eine frühe Verlobung in der Stadt."

Die trockene Erwiderung wurde nicht übel genommen. Der jüngere Mann wich nicht zurück, obwohl ihm der Weg gezeigt wurde. Da das Thema in den offenen Raum der Rede gedrängt worden war, hatte er trotz seines Widerwillens mehr zu sagen.

„Du scheinst nicht an Fred zu denken", sagte er schließlich.

"Warum sollte ich?" Mr. Adriance blickte oberflächlich auf. „Masterson bedeutet mir nichts. Sie haben nicht an ihn gedacht."

„Das habe ich! Zumindest habe ich versucht, das zu stoppen – nachdem ich es verstanden hatte. Ich habe nie gemeint –"

Es entstand eine Pause, in der Mr. Adriance eine Seite umblätterte. Der Satz wurde nicht zu Ende gebracht, aber Tony Adriance blieb stehen, als erwarte er eine Antwort darauf; eine Erwartung, halb eifrig, halb trotzig. Es erfolgte keine Antwort; Schließlich wurde klar, dass es keine geben würde.

„Ich dachte, du könntest Einwände erheben." Mit diesem Geständnis zwang er sich zu einem Lachen, aber seine Augen verweigerten die Leichtigkeit. „Das tun Eltern in Büchern und Theaterstücken, wissen Sie. Ich dachte, Sie könnten mir vielleicht sagen – Na ja, ich solle mich da rausziehen und eine eigene Frau nach Hause bringen, statt der Frau eines anderen Mannes. Das ist nicht sehr hübsch! "

Mr. Adriance blickte mit einer gewissen Neugier auf.

„Du hast eine sentimentale Ader, Tony? Ich habe es nie geahnt. Warum sollte ich Einwände gegen eine so passende Affäre haben? Du folgst Mrs. Masterson seit etwa einem Jahr; sie ist insgesamt charmant und wird hier eine gute Gastgeberin abgeben – eine großartige." Mangel in unserem Haushalt. Ich selbst bewundere sie mehr als jede Debütantin, die ich je gesehen habe. Ich bin sehr zufrieden. Angenommen, Sie hätten eine

Milchmädchenromantik mit nach Hause gebracht, eine Frau, die über die Teppiche stolpert und sich den Dienern unterwirft? Nein, nein; Gehen Sie richtig damit um, das ist mein einziger Rat. Wissen Sie, dass es inzwischen schon nach sieben Uhr ist? Es sei denn, Sie beeilen sich –"

„Oh, ich beeile mich", war das trockene Versprechen. „Und ich bin für den Rat sehr dankbar. Aber ich glaube, viele von uns werden sich nach unserem Tod den Melkerinnen überlassen."

Als er hinausging, schwang er die Tür mit unnötiger Kraft zu. Während er die breite, dunkel schimmernde Treppe hinaufstieg, wurde ihm bewusst, dass sein Vater eine weitere Seite des Buches umblätterte; Und als Gegenstück zu diesem Bild hatte sie einen geistigen Blick auf Lucille Masterson, hübsch, perfekt in jeder Kostümlinie und Farbtönung, die auf einen Mann wartete, der nicht ihr Ehemann war. Was würde das Mädchen in Schwarz davon halten, fragte er sich? Doch Lucille war völlig über jeden Vorwurf erhaben. Angesichts der unbestrittenen Wildheit und Extravaganz von Fred Masterson hatte sie jedes Recht, über eine Scheidung nachzudenken. Wenn sie es nur nicht mit ihm besprochen hätte, Tony Adriance , dachte er ungeduldig. Hätte sie nur ihrem Mann und der Welt ihre Absicht verkündet, anstatt sie heimlich dem Verehrer mitzuteilen, den sie für ihren zweiten Ehemann ausgewählt hatte! Es war schrecklich, Masterson mit diesem Wissen zu begegnen, das ihm wie ein Stein den Weg zum Geschlechtsverkehr versperrte. Sicherlich mangelte es ihr an Feingefühl.

Natürlich muss er mit Würde weitermachen. Es war ganz so, als würde man diese Treppen steigen; Ein getaner Schritt bedeutete, den nächsten zu tun. Aber er wünschte, er hätte das Mädchen nicht im Pavillon getroffen.

KAPITEL II:

DIE FRAU SEINES NACHBARN

In den nächsten Tagen sah Tony Adriance das Mädchen in Schwarz mehrmals. Aber er wagte es nicht, sich ihr zu nähern oder mit ihr zu sprechen. Es war zu früh; außerdem war er sich nicht ganz sicher, ob er mit ihr zusammen sein wollte. Sie war ein zu verstörender, zu konkreter Beweis für andere Möglichkeiten im Leben als die, die man ihm beigebracht hatte. Er erinnerte sich an die Geschichte vom griechischen See , der nur dann schlammig war, wenn er gerührt wurde. Wahrscheinlich störten diejenigen, die in Sichtweite seiner Gewässer lebten, Comarina selten .

Dennoch betrachtete er das Mädchen immer mit einem lebhaften Interesse, das er nicht einmal sich selbst hätte erklären können. Er erspähte sie von seinem vorbeifahrenden Auto aus oder beobachtete sie vom gegenüberliegenden Bürgersteig aus, wenn er das Haus seines Vaters betrat oder verließ. Sie hatte das Kind immer bei sich und trug immer das gleiche Kleid. Normalerweise war sie im weißen Steinpavillon zu finden, auf der geschwungenen Steinbank aufgestellt, mit etwas Näharbeit oder einem Buch. Er hatte sich nie ein so stilles, eintöniges Leben vorgestellt wie ihres.

Es war am Ende der ersten Woche nach ihrem Treffen, als Adriance , als sie langsam den Reitweg durch den Park entlang ritt, einen Wanderverkäufer von Spielzeugballons und Windrädern in den Pavillon wandern sah, in dem Mädchen und Baby untergebracht waren.

Das Sonnenlicht glitzerte tapfer auf den bunten Farben geriffelter Papierräder, den prallen gestreiften Seiten wippender Globen und dem schläfrigen, braunen Gesicht des syrischen Händlers , der stumm seine Waren präsentierte. Das Mädchen hob ihre lächelnden Augen, um dem fragenden Blick des Mannes zu begegnen, und schüttelte den Kopf mit einer hübschen Geste, die irgendwie Bewunderung und eine fröhliche Freundlichkeit andeutete, die ihre Ablehnung gnädiger machte als den Kauf eines anderen. Auch der Hausierer lächelte und blieb stehen, um die Riemen, die sein Tablett hielten, auf seinen gebeugten, samtbekleideten Schultern in eine neue Position zu heben, bevor er sich auf den Weg machte.

Das Baby war nicht konsultiert worden. Aber seine Aufmerksamkeit war trotzdem eingeschränkt. Diese rosa und gelben Dinger, die von der frischen Morgenbrise in Rotation versetzt wurden, diese roten Ballons, die an ihren Schnüren zerrten wie unwillige Gefangene, die nach den klaren oberen blauen Räumen hungerten – zu sehen, wie all dieses Strahlen verschwand, war zu viel! Er breitete beide pummeligen Arme weit aus und stürzte sich auf die Verfolgung.

"Stechpalme!" schrie das Mädchen und hinderte ihn daran, aus der Kutsche zu fliehen. „Warum, Holly?"

Holly geriet in gewaltige Wut. Der Syrer wurde durch den Ausbruch aufgehalten und kehrte mit der Miene eines erfahrenen Sieges um.

„*Jetzt* kaufst du?" er verhörte.

Das Mädchen schüttelte den Kopf und bemühte sich, den jungen Aufständischen zu besänftigen.

„Nein, nein. Bitte geh weg, dann wird er es vergessen."

Der Mann trat einen Schritt zurück. Die Schreie des Babys wurden noch lauter; er stampfte mit kleinen, dicken Füßen auf und schwang kleine, dicke Fäuste.

"Sie kaufen?" Der Händler bestand höflich darauf.

"NEIN!" das Mädchen keuchte. „Bitte geh. Ich kann nicht; ich habe kein Geld bei mir. Holly, Liebes –!"

Adriance hatte einen Jungen gefunden, der sein Pferd hielt, und kam gerade noch rechtzeitig herbei, um die letzte Aussage mitzuhören. Er hielt den Syrer mit einer Geste auf.

„Das habe ich", machte er den Kombattanten seine Anwesenheit bekannt. „Willst du nicht, dass ich einen Mitmenschen befriedige? Hier, bring diese Dinge näher. Was soll es sein, junger Mann – oder beides?"

Das Mädchen drehte sich mit aufrichtiger Erleichterung, die ihre Überraschung wärmte, zu ihm um.

"Oh!" Sie rief ihre Anerkennung aus. „Du bist sehr gut. Ich habe Angst, wirklich Angst, dass es beides sein muss. *Oh ——!"

Holly war absichtlich nach vorne gesprungen und hatte eine doppelte Handvoll der verführerischen Waren in der Hand.

Als die Ruhe wieder hergestellt war und der amüsierte Adriance bezahlt hatte, erschien es ihm völlig natürlich, dass er seinen Platz neben dem Mädchen einnahm; so natürlich wie der ruhige Abschied des Händlers . Holly lag zufrieden auf seinen Kissen, zwei Luftballons schwebten an ihren Haltegurten am Fußende seiner Kutsche und er hielt ein Windrad in der Hand.

„Ich möchte sagen, dass er nicht oft so ist", bemerkte das Mädchen und sammelte ihre verstreuten Näharbeiten zusammen, „aber er geht genauso gerne seinen eigenen Weg wie Maît 'Raoul Galvez; und jeder weiß, was *er* großgezogen hat."

„Das tue ich nicht", gestand Adriance . Er bemerkte zum ersten Mal, dass ihre Worte weicher wurden, nicht so sehr, dass man sie als Akzent bezeichnen könnte, geschweige denn als Lispeln, aber doch als Ausdrucksweise, die er nicht kannte. „Was hat er angesprochen?"

„Satan", sagte sie ernst. „ Maît 'Raoul wusste mehr über Voodooismus und schwarze Magie, als es jeder Weiße jemals tun sollte. Es heißt, er habe geschworen, dass er den Teufel persönlich heraufbeschwören würde, um mit ihm Karten zu spielen, oder niemals auf der Erde oder darunter zufrieden sein würde. Und er tat es, obwohl er genau wusste, dass Satan niemals außer Seelen spielt."

"Wer gewann?"

„Satan tat es. Doch er verlor wieder, denn Maît 'Raoul hat ihn bei dem Vertrag so geschickt ausgetrickst, dass er nicht gebunden war und die Seele frei war. Es gibt einen großen gespaltenen Felsen in der Nähe von Galvez Bayou, wo der Dämon angeblich in seiner Wut so getrampelt hat heftig zerplatzte der Stein."

„Dann ist Maître Raoul doch dem Hades entkommen?"

„Oh nein! Er ist dorthin gegangen, aber nur aus Ehrengründen. Er war ein Spieler, aber er hat immer für seine Verluste bezahlt."

Adriance lachte, zuckte aber auch ein wenig zusammen. Eine verblüffte, hilflose Bitterkeit verdunkelte sich auf seinem Gesichtsausdruck, wie schon am Abend ihres ersten Treffens. Er blickte auf das Pflaster, als hätte er Angst, versehentlich dem klaren Blick seines Begleiters zu begegnen.

„Ich habe diese Geschichte nie gelesen", gab er zu. "Danke schön."

„Ich glaube, es wurde nie geschrieben", gab sie zurück. „Es gibt ein Lied darüber; ein schläfriges, gruseliges Lied, das niemals zwischen Mitternacht und Morgengrauen gesungen werden sollte."

Er beobachtete, wie sie eine Weile den Faden hinein- und herauszog. Sie stickte ein kompliziertes Monogramm in die Mitte eines Quadrats aus feinem Leinen und arbeitete dabei mit schöner Genauigkeit und Feinheit.

"Was ist es?" fragte er sich schließlich.

Ihr Blick folgte seiner Richtung.

„Ein Netz für Goldfische", antwortete sie.

Erst lange danach verstand er, dass sie ihm gesagt hatte, dass sie ihre Arbeit verkauft hatte.

Der Fluss glitzerte und bildete unter dem pflügenden Verkehr cremige Schaumfurchen. Der Sonnenschein war warm und erfüllte Adriance mit einem beruhigenden Gefühl körperlicher Freude und ruhiger Faulheit. Was für eine helle und saubere Welt schien er zu sehen, als er hier saß! Er verspürte einen Anflug von Sehnsucht, so scharf wie Schmerz, als er daran dachte, dass er statt einer kurzen Atempause solch eine Zufriedenheit als einen bleibenden Zustand hätte haben können. Wie kam es, dass er sich völlig ahnungslos dem Frieden entzog? Wie kam es, dass er den farblosen Segen nie wertgeschätzt hatte, bis er verloren ging?

Nach einer Weile neigte er dazu, Maître Raoul zu beneiden, der ehrenvoll zum Teufel gegangen war.

Ein langer Seufzer von Holly, die inmitten seiner Trophäen schlummerte, weckte Adriance zu der Erkenntnis, dass sein Begleiter die Gabe besaß, anmutig zu schweigen. Er hatte eine ganze halbe Stunde lang nicht mit ihr gesprochen, doch sie wirkte weder gelangweilt noch beleidigt, sondern als wäre sie damit beschäftigt, einem angenehmen Meditationsthema nachzugehen. Ein Spatz neigte sich und putzte sich auf der Reling, keinen Meter von ihrem gebeugten, dunklen Kopf entfernt. Drüben am Bordstein hatte der Junge, der Adriances Pferd bewachte , das Zaumzeug über einen Arm gestülpt und spielte Murmeln mit zwei fröhlichen Kameraden, die sein Handicap kalkuliert berücksichtigten, basierend auf der Belohnung, die ihm der Reiter erwartete.

„Ich fürchte, ich bin sehr langweilig", entschuldigte sich Adriance kurz darauf vage.

"Bist du?"

„Ich meine, ich bin nicht unterhaltsam."

Sie hob den Blick von ihrer Näharbeit und betrachtete ihn mit zartem Spott.

„Nein. Wenn Sie der unterhaltsame Typ Mensch gewesen wären, hätte ich Sie nie mit mir reden lassen können", sagte sie. „Aber ich denke, du solltest jetzt bitte besser gehen. Zwei importierte Kindermädchen in Fledermausflügelmänteln starren uns ohnehin schon seit einiger Zeit finster an. Holly und ich werden dir für die Rettung heute Morgen tausend Jahre dankbar sein."

Er erhob sich widerstrebend und hatte das Gefühl, vom einzigen ruhigen Ort der Erde vertrieben zu werden.

„Danke, dass ich bleiben durfte", antwortete er. „Du bist sehr nett. Ich——
"

Sein gesenkter Blick war auf ihre kleinen Füße gestoßen, die sittsam unter dem Saum ihres schlichten Rocks gekreuzt waren. Es waren in der Tat sehr kleine, ernsthafte Schuhe; Nicht ein Hauch von der kapriziösen Dekorationslust des Tages erleichterte sie. Aber was dem Mann zu Herzen ging, war ihre tapfere Schwärze, die Schwärze der Politur, die nicht ganz verbergen konnte, dass sie repariert worden waren. Natürlich schaute er sofort weg, aber der Eindruck blieb.

„Ich hoffe, Holly wird Maît' Raoul nicht mehr nachahmen ", endete er lahm.

Das Mädchen drehte sich offen um und sah zu, wie er davonritt. Ihr natürliches Interesse kam dem Mann bescheidener vor als jede Haltung der Gleichgültigkeit.

Aber es schien, dass sie vom Zufall dazu bestimmt war, Tony Adriance unzufrieden und unruhig zu machen. Es war völlig absurd, aber die phantasievolle Legende, die sie ihm erzählt hatte, verspottete und jagte seine mürrischen Gedanken. Er nahm es mit nach Hause, als er sich angemessen gekleidet anzog, um eine Verabredung zum Mittagessen mit Mrs. Masterson einzuhalten. Es begleitete ihn noch immer, als er das große Apartmenthaus betrat, in dem die Mastersons lebten.

Er hatte bei dieser Gelegenheit nicht als Lucille Mastersons Eskorte fungieren wollen. Seine Anwesenheit war geschickt erzwungen worden. Aber jetzt hasste er die Pflicht so sehr, dass er einer Rebellion gefährlich nahe war. Er zögerte auf der Schwelle des Gebäudes, fast geneigt, nicht einzutreten; stattdessen ans Telefon zu gehen und sich unter irgendeinem Vorwand zu entschuldigen, dass er desertiert sei.

Es war zu spät. Die Tür wurde ihm bereits von einem Lakaien offengehalten, dessen diskretes, vertrautes Lächeln Adriance bemerkte und das ihm missfiel. Er zuckte erneut zusammen, als der Aufzugsjunge ohne Bescheid in der Etage der Mastersons anhielt, was andeutete, dass Mr. Adriances Anruf unmöglich für irgendeinen anderen Haushalt bestimmt war. Er hatte diese Dinge noch nie zuvor bemerkt; Jetzt fühlte er sich schändlich vor diesen schwarzen Männern bloßgestellt.

Er war völlig in einer Stimmung bitterer Verzweiflung, als er in Mrs. Mastersons kleines Wohnzimmer geführt wurde. Er erkannte diesen Zustand mit einem vagen Gefühl der Überraschung über sich selbst, das der vorherrschenden Emotion zugrunde lag. Sein ganzes Leben lang war er außergewöhnlich ausgeglichen gewesen. Jetzt kämpfte er gegen den Wunsch, der Frau, die ihn hierher gebracht hatte, hässliche, ätzende Dinge zu sagen. Er wollte sie nicht sehen.

Dennoch war es sehr angenehm, sie zu sehen. Tatsächlich waren sowohl die Szene als auch seine Gastgeberin bezaubernd, als sie seinem Blick begegneten. Mrs. Masterson stand vor einem langen Spiegel und betrachtete sich selbst, sodass Adriance sie zweimal sah; einmal tatsächlich und einmal als Spiegelbild. Sonnenlicht erfüllte den Raum, der in einem merkwürdigen, tiefen Blauton mit schimmernder Farbenpracht eingerichtet und drapiert war, so dass die grau gekleidete Gestalt der Dame klar und deutlich hervortrat. Aber Mrs. Masterson konnte dieses starke Licht ertragen und wusste es. Ohne sich umzudrehen, lächelte sie in den Spiegel und blickte den Mann an, dessen Bild sie dort sah.

„Wie gefällt dir die letzte Wiener Lust, Tony?" sie begrüßte ihn ruhig.

Ihre Stimme gehörte nicht gerade zu ihren Stärken. Der Ton war von Natur aus zu hoch und rau, und obwohl sie sich durch sorgfältiges Training daran gewöhnt hatte, mit einem unterdrückten, gleichmäßigen Ton zu sprechen, der den Mangel für die meisten Ohren überdeckte, resultierte daraus ein Mangel an Ausdruck oder Modulation, der gefährlich an Monotonie grenzte. Adriance hörte nun mit einem neuen Gefühl der Verärgerung auf den Fehler, der ihm erst kürzlich aufgefallen war. Bevor er antwortete, prüfte er kritisch die entschiedenen Linien des Kostüms, das ihm zur Genehmigung vorgelegt wurde; seine kühne kleine Weste aus kirschrot und schwarz kariertem Samt, der winzige Hut, der sich wie ein Schmetterling auf dem leuchtend gelben Haar niedergelassen zu haben schien, das glatt aus Mrs. Mastersons rosa Ohren gekämmt war, und die hochgeknöpften grauen Stiefel mit einer Seidenquaste Anhänger an jedem Knöchel. Diese exquisiten und kostbaren Stiefel verspotteten ihn durch ihren scharfen Kontrast zu denen, die er eine Stunde zuvor studiert hatte; Sie spornten ihn zur Unhöflichkeit an, als wären an ihren kleinen französischen Absätzen echte Ruderschuhe befestigt.

„Der Rock ist zu extrem", stellte er pervers fest.

„Das wird so sein; das ist schon ein ganzes Stück im Voraus", erwiderte sie. „Gefällt es dir?"

„Nicht so gut! Dadurch sieht eine Frau wie ein Kind aus, bis auf ihr Gesicht."

Das Taktgefühl von Lucille Masterson war oft auf ihren Mangel an Humor zurückzuführen. Anstatt mit Lachen oder Schweigen zu erwidern, widersetzte sie sich der Beleidigung seiner Eigensinnigkeit .

„Danke", antwortete sie eiskalt. „Ich scheine ziemlich plötzlich gealtert zu sein."

„Du weißt genau, wie gut du aussiehst", sagte er ein wenig beschämt. „ Natürlich habe ich nicht das gemeint, was Sie andeuten. Aber schließlich sind wir beide keine Kinder, Lucille. Wir sind ein Mann und eine Frau, die –"

"Also?"

„Um einen ziemlich fiesen Apfel zu pflücken!" Er zwang sich zu einem Lächeln, um die Aussage abzuschwächen.

Sie drehte sich langsam um und betrachtete ihn.

"Wie meinst du das?" forderte sie und hob ihre schmalen, hochgezogenen Augenbrauen. „Mein *Kostüm-Trottoir* und Äpfel –? Bist du nicht ziemlich verwirrt, Tony?"

„Können wir uns nicht wenigstens dem stellen, was wir tun?" er konterte. „Wenn wir in der Lage sind, etwas zu tun, sollten wir es sicherlich auch sehen können. Wir können diese Sache durchstehen, und unsere Freunde werden trotzdem von uns denken; sie sind solche Leute. Aber das sind nicht alle." die Menschen auf der Erde, wissen Sie. Was das Dienstmädchen, das Ihr Kleid bürstet, oder der Mann, der mir die Tür öffnet, unten über uns sagt, mag eher der allgemeinen Meinung entsprechen. Vielleicht hätten wir besser darüber nachgedacht. Denn ich fürchte, die Mehrheit von Die Welt des weißen Mannes kann nicht völlig falsch sein.

In seiner Stimme lag etwas, das sie beunruhigte. Er hatte sich auf einen Stuhl neben ihrem Schreibtisch geworfen und saß nervös da und bewegte die Schmuckstücke, die seiner Hand am nächsten waren, hin und her. Sie stand ganz still da und musterte ihn, bevor sie sich durch eine Antwort festlegte. Das war ein für sie seltsamer Tony Adriance .

„Es kommt mir sehr feige vor, Angst davor zu haben, was die Leute sagen werden", antwortete sie langsam. „Und ich werde nicht zulassen, dass du mit mir sprichst, als wäre ich eine böse Frau, Tony. Du weißt, dass ich das nicht bin. Du weißt, dass ich Freds Vernachlässigung und Extravaganz viel länger ertragen habe als andere Frauen."

Er errötete dunkelrot angesichts der Verspottung der Feigheit, aber er sprach beharrlich und beharrlich über seine Absichten.

„Du konntest Fred keine weitere Chance geben? Erinnerst du dich, er und ich waren einmal Freunde. Er hat zu viel an der Börse gespielt. Nun, ich könnte meinen Vater bitten, ihm dort zu helfen manchmal, statt verloren. Du weißt nicht, wie schwer es für mich ist, auf diese Weise in Freds Haus zu kommen."

Eine Mischung aus Wut und Angst huschte über Mrs. Mastersons große, helle Augen.

"Ist es?" sie zweifelte scharf. „Du kommst schon seit einem ganzen Jahr hierher, Tony."

Sie hatte die einzige Erwiderung gefunden, die er nicht beantworten konnte. Adriance öffnete die Lippen und schloss sie dann mit dem grimmigen Eingeständnis der Niederlage. Wer würde glauben, dass er unschuldig hierher gekommen war? Wie konnte er dieser schönen und kultivierten Frau erzählen, dass er von ihr auf eine vage, romantische Weise bezaubert worden war, ohne auch nur im Traum daran zu denken, dass die Affäre enden würde oder sie seine milde Sentimentalität ahnen ließe? Wie konnte er hoffen, dass sie die Geschichte glaubhaft machen würde, wenn er es ihr erzählte?

Sie hatte beobachtet, wie sich sein Gesichtsausdruck veränderte; sie selbst erbleichte vor echter Angst. Jetzt war sie plötzlich neben ihm, ihre Hände auf seinen Schultern.

„Liebst du mich nicht mehr , Tony? Du kommst heute hierher und wütest über mich –! Hast du mir monatelang beigebracht, dich zu brauchen und für die Zukunft auf dich zu zählen, nur um mich jetzt zu verlassen." „Oh, ich habe geglaubt, dass *du* stark und wahr bist!"

Eine Liebkosung von ihr war ein so seltenes Ereignis, ein so ungewohntes Zugeständnis, dass ihre bloße Nähe Adriance entzückte . Ihr duftendes Gesicht war seinem nahe; Er sah ihr in die Augen, wie Juwelen unter Wasser, erfüllt von ihrer Angst, ihn zu verlieren.

Sein Kuss war ihr Sieg. Sofort war sie von ihm weg; halb durch den Raum und warf verstohlene Blicke zu den mit Vorhängen versehenen Türen und sogar zu den Fenstern fünf Stockwerke über der Straße. Die Schuldgefühle, die in dieser Handlung steckten, spürten Adriance , als ob eine Hand den Kuss von seinen Lippen geschlagen hätte.

„Wir müssen vorsichtig sein", warnte sie. „Angenommen, jemand käme herein? Das hast du nicht so gemeint, Tony? Du liebst mich so sehr wie eh und je?"

Adriance ging auf sie zu.

„Das werde ich in Mastersons Haus nicht beantworten", sagte er mit zitternder Stimme. „Lucille, du musst jetzt tun, worum ich dich schon vor Wochen gebeten habe: Du musst sofort hier weggehen und mich heiraten, sobald es möglich ist. Da wir mit dieser Sache begonnen haben, müssen wir sie so anständig wie möglich durchziehen." möglich. Und es ist nicht anständig, dass du hier bleibst oder dass ich hierher komme. Wenn du jetzt, heute, mit mir kommst, werde ich dich mit jemandem zusammenbringen, der als Aufsichtsperson fungieren kann, bis die Scheidung erwirkt ist; einer meiner Tanten vielleicht. Wenn du das tust und mir hilfst, das zu behalten, was ehrlicherweise noch übrig ist, gebe ich dir mein Wort, dass ich dich nie im Stich lassen werde, solange ich lebe, komme, was wolle."

Sie wich seiner Heftigkeit zurück. Nun war sie von sich selbst und ihm überzeugt und ließ zu, dass ein Stirnrunzeln ihre schöne Stirn in einem halb amüsierten Tadel verzog.

„Mein lieber Junge, was für eine dramatische Tirade! Natürlich werde ich so schnell wie möglich zu dir kommen – aber heute? Und gerade eben hast du Klatsch und Tratsch abgelehnt! Du musst mich diese Angelegenheit arrangieren lassen. Ich bin nicht bereit zu gehen Fred, noch. Verstehst du das nicht? Ich muss warten, bis er eine weitere seiner Szenen macht; ich muss einen neuen Grund haben, zu gehen, nicht einen vergangenen, den ich bereits stillschweigend übersehen habe.

"Du wirst nicht kommen?"

Sie wandte sich von seinem dunklen Gesicht zum Spiegel.

„Du bist wirklich sehr egoistisch, Tony. Denke bitte ein wenig an mich statt an dich selbst. Aber ich werde versuchen, zu tun, was du willst; nächsten Monat vielleicht. Ich könnte für den Winter nach Florida gehen.“

Adriance setzte sich wieder neben den Schreibtisch und nahm eine Zigarette von einem kleinen lackierten Tablett, das dort stand. Er wurde geschlagen, aber er war nicht unterwürfig. Mit bitterem, krankem Widerwillen beugte er seinen Kopf zum Joch. Doch er verstand, dass es zu spät war, sich zurückzuziehen. Lucille liebte ihn; ob absichtlich oder nicht, er hatte sie gewonnen. Nein, er muss zu Ende bringen, was er begonnen hat.

Die Zigarette war parfümiert und verursachte bei ihm Übelkeit. Er warf es in einen Aschebehälter, aber es hatte ihm einen Moment gegeben, sich zu beruhigen. Schließlich hat Masterson seine Frau vernachlässigt. Wenn er sich nicht behaupten konnte, warum sollte Tony Adriance dann Altruist werden und versuchen, es für ihn zu tun? Zumindest könnte Lucille glücklich sein.

Mrs. Masterson hatte ihren Hut aufgesetzt und betrachtete ihr lebhaftes Spiegelbild. Sie war klug genug, ihren Triumph locker zu nehmen.

"Sollen wir gehen?" sie fragte. „Nan Madison hasst es, zu spät zu kommen, wissen Sie. Lassen Sie Ihren Mann die Krawatte, die Sie tragen, wegwerfen, Tony. Grau ist nicht Ihre Farbe. Es lässt Sie zu blass aussehen; zu sehr –“

„Wie Maître Raoul Galvez?“ er lieferte trocken und erhob sich.

"Wer war er?"

„Ein Mann, der den Teufel erweckt hat. Ich bin durchaus bereit, wenn du gehen möchtest.“

KAPITEL III

DAS MÄDCHEN DRAUßEN

Tony Adriance gewöhnte sich an, immer dann innezuhalten, um ein paar Worte mit dem Mädchen in Schwarz zu sprechen, wenn die Umstände es ihnen entgegenstellten. Und das kam ziemlich oft vor, da sein Zuhause so nahe an dem Pavillon lag, den sie sich als Ruheort ausgesucht hatte. In den Tagen nach seiner vergeblichen Rebellion gegen Lucille Mastersons Willen ging er seinen Freunden eher aus dem Weg, doch er war einsam und wollte unbedingt den Gedanken entfliehen. Er konnte mit dem Mädchen reden, gestand er sich ein, weil sie ihn nicht kannte.

Sie begegneten sich mit einer beiläufigen Offenheit, das Mädchen und er, wie zwei Männer, die sich sympathisch finden, deren Leben aber weit voneinander entfernt liegt. Ihre kurzen Gespräche waren intim, ohne neugierig persönlich zu sein. Sie hatte die Gabe, Dinge zu sagen, die im Gedächtnis blieben; zumindest in seiner Erinnerung. Nicht, dass sie besonders brillant gewesen wäre; Ihr Reiz war ihre Ernsthaftigkeit, die gleichzeitig lebendig und ruhig war, und der seltsame Zauber der Verzauberung, den sie über den einfachen gesunden Menschenverstand warf und ihn nicht mehr einfach, sondern verführerisch wie Torheit erscheinen ließ.

Aber sie trug weiterhin die schäbigen kleinen Stiefel mit ihrer optimistischen Tapferkeit beim Schwarzmachen. Es waren wirklich respektable Stiefel, gealtert, nicht gealtert. Der Fehler lag bei Adriance , nicht bei ihnen; er war zu sehr an Frauen gewöhnt, „deren Sandalen seine Augen erfreuten". Wären ihre Füße weniger kindisch klein gewesen, hätten sie ihn vielleicht weniger beschäftigt. So aber beschäftigten sie ihn immer mehr.

Es gibt keine akzeptierte Möglichkeit, einer weiblichen Bekanntschaft ein Paar Schuhe anzubieten. Dennoch kaufte Adriance in der dritten Woche seiner Freundschaft mit dem Mädchen ein Paar Pumps für sie. Er hatte sie in einer Glasvitrine vor einem Laden gesehen und blieb erstaunt stehen, um sie zu betrachten. Sie gehörten so unverkennbar ihr; Die Größe, die abgerundeten Linien, die Wölbung und Neigung stimmten! Sie waren von glänzendem Schwarz, mit spanischen Absätzen und glitzernden Schnallen.

Er nahm sie mit nach Hause, aber er wagte es natürlich nicht, sie ihr zu geben. Er hatte die Idee, das Unterfangen bei der letzten Gelegenheit ihres Treffens zu besprechen; Wenn sie ihn mit Verbannung bestrafte, wäre das egal. Denn er wollte New York verlassen, als Lucille nach Florida ging. Er würde die notwendige Zeit zwischen der Scheidung und seiner Heirat allein in Kanada verbringen.

Inzwischen war da das Mädchen.

Es war am letzten Oktobertag, als er sie beim Stricken statt beim Sticken vorfand; ein Netz aus fröhlichem Scharlachrot über ihren Knien.

„Ein neuer Anzug für Hollys großen Teddybären ", erklärte sie, als er ihr gegenüber Platz nahm. „Weihnachten steht vor der Tür, wissen Sie. Ich möchte alles im Voraus fertig haben. Finden Sie nicht, dass die Farbe ein brauner Plüschbär werden sollte?"

„Es ist nicht deprimierend."

„Es hat die Farbe der Stechpalme. Und eine Depression ist doch keine Sensation, die man kultivieren sollte, oder?" Sie hielt inne und blickte über den Fluss, der bereits im Schatten des nahenden Abends lag. „Ich glaube daran, es mit beiden Händen abzuwehren, einen Speer direkt durch das hässliche Ding zu treiben und es hochzuhalten wie Sir Sintram mit diesem zappelnden Monster auf dem alten Bild."

„Es wäre gut, mit dir Ärger zu haben", sagte er abrupt.

Sie entschlüsselte seine Bedeutung aus der äußerst vagen Rede und nickte ernst zustimmend.

„Ja, vielleicht. Ich bin es gewohnt, das Beste aus den Dingen zu machen."

„Die besten von ihnen", korrigierte er.

„Natürlich! Das Allerbeste – warum sollte irgendjemand das Schlimmste machen?"

Sie lachten zusammen. Doch sofort floss das ruhelose Unglück wieder in seine Augen.

„Das tun sie aber!" er rief aus.

„Dann liegen sie falsch, ganz falsch", sagte sie entschieden. „Sie sollten sich in dem Moment, in dem sie es herausfinden, in Ordnung bringen."

„Aber wenn sie es nicht können?" drängte er mit persönlicher Hitze und Protest. „So einfach liegen die Dinge doch nicht. Angenommen, sie können eine Sache nicht in Ordnung bringen, ohne viele andere umzustoßen? So kann man doch *nicht* durchschneiden und durchschneiden!"

„Oh ja, das kannst du", widersprach sie und saß sehr aufrecht, ihre grauen Augen strahlten. „Du musst; jeder muss. Es ist feige, Dinge, krumme Dinge, wachsen und wachsen zu lassen. Und man könnte nicht so leicht etwas Wertvolles zunichtemachen . Gute Dinge sind stark."

Er schüttelte den Kopf. Aber sie hatte ihn so aufgewühlt, dass er eine Weile schweigend dasaß und sich dann ziemlich plötzlich erhob, um sich zu verabschieden.

„Du hast mir nie deinen Namen gesagt", bemerkte er und sah auf sie herab. Er bemerkte erneut, wie geschmeidig und geschickt ihre Finger waren und wie schnell sie bei der Arbeit war.

"Nein, warum?" sie antwortete einfach.

„Ich weiß es nicht", akzeptierte er die Zurechtweisung. "Wie bitte."

„Oh, sicherlich. Holly versucht, dir die Hand zu schütteln, bevor du gehst."

Natürlich waren er und das Baby Freunde geworden. Vorsichtig überließ er seinen Zeigefinger den umklammernden Händen, lächelte aber nicht wie gewöhnlich.

„Schau her", sagte er schroff. „Nur als Beispiel dafür, dass die Dinge nicht so leicht in Ordnung zu bringen sind, wie Sie denken – ich kenne einen Mann, der es irgendwie geschafft hat, einer Frau zu folgen. Ich glaube nicht, dass er genau weiß, wie. Natürlich bewunderte er sie ungemein, und mochte sie. Nun, ich nehme an, er empfand mehr als das! Aber er hätte sich nie vorstellen können, mit ihr zu schlafen, weil sie verheiratet war. Wissen Sie, er war ein Idiot. Eines Tages, als er anrief, sagte sie ihm, dass sie gehen würde sich von ihrem Mann scheiden zu lassen. Sie hat das Recht. Und der Mann stellte fest, dass sie danach erwartete, ihn zu heiraten; sie dachte, er hätte das die ganze Zeit gemeint. Was konnte er tun? Was kann er tun?"

Das Baby gurgelte fröhlich, ließ den Zeigefinger fallen und gähnte. Das Mädchen legte ihre Arbeit nieder, um ihrem Schützling eine Decke zuzudecken.

„Ich weiß es nicht", gab sie mit leiser Stimme zu.

Adriance holte schnell Luft.

„Das ist noch nicht alles. Der Ehemann ist der Freund des Mannes. Na ja, sie haben immer zusammen geschlafen, zusammen gegessen – –! Und er weiß es nicht. Verstehen Sie nicht, der Mann muss den Ehemann im Stich lassen oder Frau? Wie kann man das wieder in Ordnung bringen?"

Sie blickte auf und sah den unbewussten Selbstverrat in seinen trotzigen, unglücklichen Augen.

„Es tut mir sehr leid für ihn", antwortete sie ernst. Und nach einem Moment. „Sie muss sehr klug sein."

Er lehnte den Vorschlag mit scharfem Groll ab. Clever – das war die Bezeichnung seines Vaters für Lucille Masterson; und es war ihm zuwider.

Er wollte nicht analysieren, warum er diesen Widerwillen dagegen verspürte, Lucille als klug bezeichnet zu hören. Er weigerte sich, darüber nachzudenken, was das bedeutete, welche hässlichen Tiefen des Zweifels in ihm wachgerufen wurden, die ihn vor Wut und Demütigung zusammenzucken ließen. Plötzlich bereute er es bitter, diesem Mädchen die Geschichte erzählt zu haben, auch unter der verborgenen Identität.

„Kein Zweifel", entgegnete er kühl und vage. „Ich wage zu behaupten, dass sich die Sache ganz gut regeln wird. Es wird schon spät; ich glaube, ich muss gehen."

Es war insgesamt zu abrupt, und er wusste es. Aber er konnte es nicht besser machen. Er wusste, dass die Augen des Mädchens ihm folgten, und er ging mit vorsichtiger Leichtigkeit und Lässigkeit.

Außer ihrem Blickfeld ging er langsamer. Schon senkte sich die Herbstdämmerung wie ein zarter grauer Schleier. Am Fuße der Palisades, gegenüber, tauchte zwischen den unzähligen Lichtern dort ein vertrauter Lichtpunkt auf; ein Punkt, der wie Feuer durch das Schlepptau lief, nach oben, quer, herum, bis die glitzernden Worte vollständig leuchteten: „ Adriances Papier."

Der Name spiegelte sich im dunklen Wasser. Dort unten schwankte es schwach und seine Legende wurde durch die Wellen des Flusses gebrochen. „Du strahlst da oben, aber ich regiere hier", der Hudson warf seine Verachtung auf die von Menschenhand geschaffene Arroganz zurück. Er war wie dieses Spiegelbild, dachte Tony Adriance , mit einer Fantasie, die er dem Bildtrick des Mädchens entnommen hatte; Er war nur die Widerspiegelung der Erfolge seines Vaters, unbeständig, wertlos, untrennbar mit der goldfarbenen Realität über ihm verbunden, tanzend und zerbrochen im Strom des Willens einer Frau. Er selbst war – nichts. Er zuckte unter der selbst angebrachten Peitsche zusammen. Es war voller Wahrheit; er persönlich hatte nie gezählt. Selbst Lucille hatte nie gesagt, dass sie ihn liebte; Sie hatte seine Hingabe einfach als selbstverständlich angesehen und sie genutzt. Hätte sie sich ihm versprochen, wenn er ein armer Mann gewesen wäre? Hätte sie jemals darüber nachgedacht, sich von Masterson mit all seinen Fehlern scheiden zu lassen, wenn Tony Adriance sich und seine goldenen Möglichkeiten nicht auf ihren Weg gebracht hätte? Die Fragen waren hässlich und trieben ihm das Blut ins Gesicht. Er blieb stehen und stellte sich an die Steinmauer, die den Bürgersteig säumte, mit Blick auf den Fluss.

Es war ihm schon immer unangenehm gewesen, nur der Erbe seines Vaters zu sein, und zwar auf eine vage, unanalysierte Art und Weise. Jetzt drohte der Groll in Rebellion zu münden.

Aufstand gegen was? Sein Vater, der ihm völlige Freiheit von jeglichen Zwängen ließ? Lucille, der es völlig freistand, sie nie wiederzusehen, wenn er sich entschloss, ihre Vermutung zu leugnen? Er war durch die Umstände völlig gefangen, da die Falle offen war und er sie dennoch nicht verlassen konnte.

Der zarte Punkt auf dem *i* der Ironie war, dass er Lucille geliebt hatte, aber er wusste, dass er ihr ganzes Leben lang unglücklich mit ihr sein musste. Er dachte auch jetzt noch mit einer gewissen Sehnsucht an sie, doch er würde ihr immer misstrauen und sich selbst verabscheuen. Seine Finger umklammerten die Steinkante; Er verspürte einen leidenschaftlichen Neid auf Männer, die stark genug waren, verrückte, verzweifelte Dinge zu tun und sich rücksichtslos einen Weg durch das enge Netz der Wege anderer Menschen zu bahnen. Er stellte sich vor, dass das Mädchen in Schwarz eine solche Person sei; Wenn sie sich in irgendeiner Weise im Recht befand, würde sie es tun.

Doch nach einer Weile wandte er sich ab und machte sich auf den Heimweg. Er musste sich anziehen, denn er speiste mit den Mastersons . Man hatte darauf bestanden, um die Nacht wieder gutzumachen, in der er weggeblieben war, um bei seinem Vater zu essen. Lucille war noch nicht bereit für ein hörbares Flüstern, das der Welt oder ihrem Mann eine Scheidung nahelegte. Tony muss noch ein paar Wochen wie gewohnt kommen und gehen. Sie hatte beschlossen, seinen Appell zu vergessen, nachdem sie seine Meuterei unterdrückt hatte. Mrs. Masterson war keine großzügige Siegerin.

KAPITEL IV

DIE FRAU, DIE PACKTE

Die Wohnung der Mastersons verfügte, wie viele andere Wohnungen dieser Art, über ein bezauberndes kleines Foyer. Erleuchtet wurde es von einer jadegrünen Lampe, die an zartgrünen Bronzeketten baumelte, die von der Färbung der Zeit herrührten. und die Noten von Bronze und mattierter Jade wurden durch alle Möbel getragen, durch Leder und Wandteppiche und sogar eine große chinesische Vase mit Drachenverschluss. Aber diese grünlichen Lichter gefielen den Besuchern nicht immer. Als Tony Adriance an diesem Abend das Foyer betrat, waren sie ihm gegenüber so unhöflich, dass das Dienstmädchen insgeheim zu dem Schluss kam, er sei krank. Ihr Herr kam nicht selten mit diesem abgenutzten Ausdruck um Augen und Mund nach Hause. Sie fragte sich, ob Mr. Adriance spielte.

Keiner der anderen Gäste war angekommen. Tatsächlich war es noch nicht so weit. Allein das Klirren von Glas und das geschäftige Treiben der Diener im Speisesaal kündigten das bevorstehende Ereignis der Gastfreundschaft an. Gastfreundschaft? Tony Adriance blieb stehen und hielt in seiner Bewegung zum Wohnzimmer an; Die kranke Abneigung der letzten Wochen gipfelte schließlich in einer Lähmung vor der Aussicht auf die Farce, die er mit seinem bewusstlosen Gastgeber als Zuschauer spielen sollte.

„Ich – bin noch nicht bereit", ertappte er sich dabei, wie er mit dem Dienstmädchen innehielt. Sein Blick fiel auf einen Schreibtisch und forderte ihn auf. „Ich habe einen wichtigen Brief vergessen. Ich werde ihn schreiben, bevor ich hineingehe. Warten Sie nicht, ich kenne meinen Weg."

Sie gehorchte ihm. Natürlich hatte er nichts zu schreiben, aber er suchte nach einem Blatt Papier und griff nach einem Stift. Endlich wurde ihm bewusst, wie ungeheuerlich seine Anwesenheit als Gast hier war; Bevor er es gesehen hatte, sah er es jetzt, nackt ausgezogen.

Er konnte nicht weitermachen. Es gab keinen Grund, warum er in diesem Moment zu dieser Verurteilung hätte kommen sollen, aber es geschah. Als er dort saß, erlangte dieses Wissen vor seiner Vision langsam seine volle Größe, wie eine tatsächliche Gestalt, die auf dem Weg aufgerichtet war, dem er gefolgt war. Es ging nicht mehr um Lucilles oder seine eigenen Wünsche; er konnte das nicht tun.

Er war weder an komplizierte Gedankengänge noch an Selbstanalyse gewöhnt. Er verstand noch kaum, was in ihm erregt war und warum. Aber er wusste, dass er handeln musste; dass seine Zeit des passiven Treibens beendet war. Einmal hatte Lucille ihm Feigheit vorgeworfen. Heute hatte das

Mädchen im Pavillon unschuldig erneut die Anklage erhoben. Und das Mädchen hatte recht; Es war feige, ein Unrecht immer weiter wachsen zu lassen. Mastersons Freund in Mastersons Haus! Adriance ließ den Stift fallen, den seine geballten Finger verbogen hatten, und stand auf.

Zentrum der bevorstehenden Aktivitäten zurückgekehrt , der Küche. Allein ging Adriance den Korridor hinunter zum Wohnzimmer.

Mrs. Masterson war allein dort und rückte einige vorgestellte Stühle an weniger auffällige Stellen. Die außerirdischen Stühle waren mit rosafarbenen Stoffen überzogen und beeinträchtigten die wolkenblaue Wirkung des Raumes. Sie schubste sie mit bösartiger Kraft hin und her, als ob sie die leblosen Täter hasse; Ihr Gesichtsausdruck war mürrisch und verdrießlich.

Dieser Gesichtsausdruck änderte sich zu schnell, als sie Adriance auf der Schwelle stehen sah. Er fing die geschickte Veränderung ein, die es in gewinnende Trauer verwandelte.

„Du, Tony?" Sie begrüßte ihn und ging auf ihn zu, um ihm die Hand zu reichen. „Ich bin so froh, dass es niemand anderes war. *Du* weißt, wie ich das Wenige, das ich habe, erfinden und das Beste daraus machen muss. Wie ich diesen engen Ort verabscheue und die Stühle aus den Schlafzimmern, um genug zu haben, und alles Kneifen –" !" Sie blickte sich verächtlich um und hob höhnisch ihre glatten, scharlachroten Lippen.

Adriance blickte langsam durch den Raum, der vielleicht nicht sehr groß, aber kaum beengt war; Verschönert durch opaleszierende Lampen und duftend durch den Duft von Rosen in hohen, schlanken Vasen aus Bergkristall. Eine ganze Wand war in die seidige Wärme eines chinesischen Teppichs gehüllt, vor dessen Blau sich das cremige Weiß eines urig geschnitzten Elfenbeinelefanten hob, der auf seinem Sockel balancierte. Selbst in seinen Augen gab es hier keinen Grund zur Unzufriedenheit.

„Ich fand das sehr hübsch", widersprach er. „Ich dachte, Masterson hätte die Dinge hier sehr gut gemacht."

„Gut genug, für eine Ecke in einem Haus; nicht für das Haus", erwiderte sie. „Ich hasse es, in Wohnungen zu leben. Ich habe mir schon immer Treppen gewünscht; breite, glänzende Treppen, die ich hinuntergehen würde, um weite Räume zu durchqueren!"

Sie holte durstig Luft. In dem glänzenden Kleid, das so viel von ihrer Schönheit enthüllte, wie eine nachsichtige Mode erlaubte, mit ihren großen, hellen Augen und dem leicht nach vorne geneigten gelben Kopf, als sie zu dem Mann aufsah, war sie eine lebendige und unbewusste Verkörperung der Gier. Nicht die erbärmliche Gier der Notwendigkeit, sondern die Gier, die, wenn sie viel hat, nach mehr verlangt. Als ob er ihre Meinung teilte, wusste

Adriance , dass sie sich vorstellte, wie sie die Treppe im Haus seines Vaters hinunterstieg, gekleidet und mit Juwelen geschmückt , wie Mrs. Tony Adriance sein konnte und Lucille Masterson nicht.

Er war sich der Veränderung in seinem eigenen Gesicht nicht bewusst, bis er sie in der plötzlichen Besorgnis und Frage, die ihr widerspiegelte, sah. Dann antwortete er auf ihren Gesichtsausdruck und zwang seine Stimme, ihre tiefe, gleichmäßige Sprache mit der angeborenen Abneigung eines wohlerzogenen modernen Mannes vor verratenen Gefühlen beizubehalten.

„Das ist es", interpretierte er. „Deshalb würdest du mich heiraten und Masterson verlassen. Du willst mehr, als er dir geben kann. Wenn er so viel zu geben hätte wie ich, wäre es egal, was er getan hat. Du würdest es mit ihm ertragen. Vielleicht warst du es." ertrage es mit mir.

„Tony!" sie stammelte.

„Es ist ganz wahr. Ich war ein ernsthafter Narr. Ich habe mir die Nerven genommen, meine Selbstachtung aufzugeben, ohne mit der Wimper zu zucken, weil ich glaubte, ich hätte dich dazu gebracht, auf mich zu zählen; und die ganze Zeit hast du auf was gezählt." Ich besaß."

Nach der Überraschung sammelte sie ihre Kräfte.

„Eher streng, Tony, weil ich kein teures Mietshausleben mag!" kommentierte sie mit vorsichtiger Ironie. Sie drehte sich zur Seite, legte ihren Spitzenschal über einen Tisch und verschaffte sich so eine Pause von seinem Blick. „Habe ich jemals so getan, als ob ich mich nicht für schöne, luxuriöse Dinge interessiere? Und heißt das, dass mir nichts anderes am Herzen liegt? Ich denke, Sie sollten sich entschuldigen – und mehr auf Ihre Verdauung achten."

Er hielt einen Moment inne, um sich zu beruhigen. Wie üblich hatte sie es geschafft, ihm das Gefühl zu geben, im Unrecht zu sein und sich zu schämen.

„Ich entschuldige mich", sagte er, weniger sicher. „Ich bin nicht hierhergekommen, um das alles zu sagen, Lucille. Aber ich bin gekommen, um zu sagen, was zum selben Ziel führt. Wir können das, was wir begonnen haben, nicht zu Ende bringen. Wir konnten es nicht ertragen. Halten Sie mich für einen Feigling, was auch immer Sie wollen." , ich mache nicht weiter."

„In der Tat denke ich, dass du weit genug gegangen bist", erwiderte sie ruhig. „Angenommen, wir setzen uns hin und sind zivilisiert. Wollen Sie vor dem Abendessen rauchen?"

Er schüttelte den Kopf, trotz seines Willens verblüfft über ihre Flüchtigkeit, aber auch wütend bis zur Entschlossenheit. Und er wusste, dass er sie erst vor Kurzem wirklich gesehen hatte; Die Schönheit, die seinen Anblick ein Jahr lang verzaubert hatte, konnte diesen flüchtigen Blick in ihren Geist nicht vor der Erinnerung verbergen.

„Ich bleibe nicht zum Abendessen, danke", lehnte er ab. „Und ich spiele nicht. Unsere Sache sah schon schlimm genug aus, aber du hast mir gerade eben etwas Schlimmeres gezeigt. Es war schlimm genug, die Frau meines Freundes aus Liebe zu nehmen; ich kann und will sie nicht akzeptieren." Mittel aus dem Geld meines Vaters.

Sie drehte sich schnell und in heißem Feuer umher, und sie starrten einander wie Fremde an.

„Du hast vergessen, dass wir verlobt sind", sagte sie stechend. „Oder hört dein Gewissen nicht auf ein gebrochenes Wort?"

„Vielleicht liegt es daran, auf den Takt zu achten, mit einem Mann verlobt zu sein, während man mit einem anderen verheiratet ist", schlug er zurück, angestachelt zu einer Brutalität, die seiner Natur fremd war.

Das schwache Klingeln berührender Gläser brachte sie an den Rand eines Bruchs, der eine Versöhnung unmöglich gemacht hätte. Mrs. Masterson ließ sich auf einen Stuhl fallen und schnappte sich einen Fächer, um ihr gerötetes Gesicht zu beschatten. Adriance stand steif da, wo er war, und unternahm klugerweise keinen Versuch einer künstlichen Lässigkeit. Der Diener, der eintrat, sah in seiner Unbeweglichkeit nur Gelassenheit.

Mrs. Masterson hob eifrig den angebotenen Cocktail an ihre Lippen, als hätte ihre Wut sie ausgetrocknet. Adriance nahm ein Glas von dem ihm präsentierten Tablett, stellte es aber sofort auf den Tisch. Jetzt, da ihm klar wurde, hatte er das Gefühl, dass die Gastfreundschaft dieses Hauses nichts für ihn war. Doch das kurze Intermezzo half beiden.

Als der Diener gegangen war, sprach Adriance mit wiederhergestellter Ruhe.

„Sehen Sie, selbst jetzt hat die Situation uns alle völlig durcheinander gebracht. Wenn dem nicht so wäre, würde ich wohl gerne Dinge für Sie kaufen. Ich kann mir vorstellen —"

Er hat den Satz gebrochen; Ganz plötzlich waren ihm die kleinen Schnallenschuhe eingefallen, die für das Mädchen im Pavillon gekauft worden waren. Während er auf sein Paket wartete, hatte er sich interessiert andere Dinge im Laden angesehen. Es hätte ihm Freude bereitet, bestimmte aufwendige Strümpfe und absurde Taschentücher mit Spitzenrüschen zu kaufen.

„Ich kann mir vorstellen, dass ich das tun sollte", schloss er lahm. „Lucille, ich hoffe, du wirst mir zustimmen. Aber selbst wenn nicht, kann ich nicht weitermachen."

Sie stand auf und kam mit einer schnellen Bewegung auf ihn zu, die beide Hände auf seine Schultern legte, bevor er ihre Absicht begriff. Ihr warmes Gesicht lag direkt unter seinem.

„Gibt es noch jemanden, Tony?" sie verlangte. „Irgendein Mädchen? Natürlich war es ein junges Mädchen, das die Inspiration für all das war; ‚rein wie Wasser' – und so geschmacklos! Ist es das?"

Sie hätte ihn vielleicht mit weniger Wirkung getroffen. Tony Adriance wurde völlig taub vor angewidertem Zorn. Was für eine absurde Sache meinte sie? Die leuchtenden grauen Augen des Mädchens im Pavillon blickten ihn über den wachsamen, forschenden Blick von Lucille Masterson hinweg an; sah ihn mit schöner Offenheit und Empörung an. Er war empört, als ob das junge Mädchen selbst in dieser abscheulichen Szene dabei gewesen wäre. Und ohne Grund! Er dachte nicht daran, diese nüchterne kleine Gestalt zu lieben; er hatte die Liebe satt.

„Es tut mir leid, dass Sie mir kein uneigennütziges Motiv zuschreiben können", sagte er kalt. „Zufälligerweise irren Sie sich. Es gibt niemanden außer Ihnen. Ich gehe weg, weil Sie weder unverheiratet noch Witwe sind, weil Sie mich zwingen, das alles zu wiederholen. Wenn Sie entweder –"

„Du würdest bleiben?" Sie flüsterte.

Er sah auf sie herab und wie immer vor ihrer Magie ließen seine Kräfte nach. Er nahm ihre Hände von seinen Schultern, bevor er antwortete.

„Ja", räumte er ein, seine Stimme veränderte sich. „Aber es ist vorbei, Lucille. Sag Masterson, dass ich ins Ausland gegangen bin, um zu bleiben."

Als er zur Tür ging, drehte sich Mrs. Masterson zum Tisch und holte sein unberührtes Glas auf. Angst und Kummer waren aus ihrem Gesicht verschwunden; es glühte immer noch von ihrer späten Wut, aber ihre Augen leuchteten vor Zuversicht und ironischer Erleichterung.

„Auf eine gute Reise und eine angenehme Rückkehr!" rief sie leichthin und sah ihn quer durch den Raum an. „Denn du wirst zurückkommen, Tony. Der Krampf wird vorübergehen und dich einsam zurücklassen. Dann kann ich warten. Gute Nacht."

Sie lachte regelrecht über die Bestürzung in seinem Blick, als er innehielt. Aber er drehte sich um und ging hinaus. Sie lehnte sich über die Armlehne eines der unharmonischen rosafarbenen Stühle und beobachtete ihn.

Zurück im Foyer blieb Adriance stehen, um ihre gewohnte Haltung wiederzugewinnen, bevor sie hinausging. Er erinnerte sich, dass er die Inspektion durch den Aufzugsjungen und den Diener bestehen musste; muss ihrem nicht weniger offensichtlichen, weil dummen Staunen bei seiner Abreise vor dem Abendessen begegnen.

Die schwere Leere seines Wartens wurde durch das fröhlichste Geräusch der Welt unterbrochen. Das gurgelnde Lachen eines glücklichen Kindes plätscherte wie ein Bach durch die Stille und ergoss sich in einem Rhythmus von Lachen. Als ob sie Adriances Erkenntnis bestätigen wollte , mischte sich das klare Lachen eines Mädchens in die Fröhlichkeit des Babys ein. Ihm gegenüber fiel Licht in einer dünnen Linie durch eine mit Vorhängen versehene Tür. Ohne die geringste Erinnerung an Anstand oder Konventionen sprang er auf ihn zu und öffnete die Tür.

Er stand an der Schwelle einer Kinderstube; Ein Zimmer, rosa wie das Innere einer Rosenknospe, fröhlich mit all den entzückenden Utensilien, die ein Baby braucht, duftend nach Veilchenpulver und warm wie ein Nest. Am Fußende eines glänzenden kleinen Bettes, das Messinggeländer als Halt umklammernd, während er einen stampfenden Tanz aufführte, saß der Herr der Domäne; sein seidig feines, ehrlich gesagt rotes Haar war in glitzernden Locken um sein feuchtes, rosiges Gesicht zerzaust, seine blauen Augen waren vor Freude geschlossen. Das Mädchen kniete sich gegenüber nieder, stützte die pummelige Gestalt und war gelassen gegenüber den kleinen, schelmischen Fingern, die ihr dunkles Haar aus den Zöpfen gelöst hatten. Ohne ihren Hut war sie jünger, noch gesünder und besser, als er gedacht hatte. Sie sah so frisch und aufrichtig aus wie die feuchten Küsse mit offenen Lippen, mit denen das Baby sie überschüttete.

Vielleicht bewegte sich der Eindringling, vielleicht spürte sie seinen Blick, denn während er zusah, löste das Mädchen das Bild auf. Sie stand abrupt auf, drehte sich um und sah ihn dort stehen.

Zuerst verriet ihr erschrockenes Gesicht nur Überraschung; Tatsächlich gab ihr seine bloße Anwesenheit dort keinen Grund, mehr zu empfinden. Aber in seiner Bestürzung, Verwirrung und völligen Besessenheit verriet Tony Adriance sich selbst.

„Ich wusste es nicht", stammelte er und griff blind nach Rechtfertigung und Entschuldigung. „Ich wusste nicht, wer Holly ist – oder dass du hier lebst. Es tut mir leid, ich hätte nicht sprechen sollen –"

Er blieb stehen. Er hatte die Fiktion einer dritten Person vergessen, mit der er sein Vertrauen in den Park maskiert hatte; vergessen, dass das Mädchen weder seinen Namen noch seinen Zweck in diesem Haus kannte. Ganz ohne Notwendigkeit hatte er sie aufgeklärt.

Denn das Mädchen hatte eine schnelle Auffassungsgabe. Vielleicht hätte allein sein Gesichtsausdruck ihr die Wahrheit gesagt, wenn er geschwiegen hätte. Mechanisch hatte sie einen Arm um das Baby gelegt, nun zog sie es wie zum Schutz näher an sich heran. Ihre regengrauen Augen betrübten ihn, machten ihm Vorwürfe und tadelten ihn. Da sie von Lucille Mastersons Plänen überzeugt war, hielt sie ihren Sohn fest und stellte sich ihm vor Gericht.

Natürlich hatte er gewusst, dass Lucille ein Kind hatte, ebenso wie er wusste, dass seinem Vater die Fabrik hinter dem Elektroschild gehörte. Er hatte keinen von beiden gesehen, außer aus der Ferne; sie bedeuteten ihm nichts Wirkliches. Aber jetzt schien nichts auf der Welt so wichtig zu sein. Das Mädchen hatte nichts gesagt, und doch hatte sie ihn plötzlich mit neuen Dingen konfrontiert.

„Weißt du, ich hätte ihn auch mitgenommen“, versuchte er alles zu beantworten, was sie unausgesprochen ließ, und hasste sich selbst für die unsichere Demut, die er in seiner Stimme nicht unterdrücken konnte. „Das hatte ich immer vor. Ich hatte vor, alles für den Jungen zu tun. Ich könnte – ich bin Anthony Adriance .“

Dann sprach sie, ihre sanfte Stimme war ganz rau.

„Du kannst ihm alles kaufen? Du kannst ihm nicht seinen Vater kaufen. Und nichts wird das wettmachen.“

"Aber--"

Sie schlug den schwachen Protest nieder.

„Ich *weiß*. Ich habe einen guten Vater. Und Holly“, das unendliche Mitgefühl ihres Blicks umarmte das Baby, „er hat nicht einmal eine richtige Mutter, die seine Hälfte erledigt. Es ist nicht richtig; man kann es nicht richtig machen.“

„Aber das habe ich! Ich werde ——!“

Er geriet ins Stocken. Wie sollte er ihr die Szene erklären, die sich gerade abgespielt hatte? War es für Lucille anständig?

„Ich habe mein Bestes gegeben“, stammelte er. „Ich habe es dir gesagt; du weißt, dass mir das nicht gefallen hat.“

Der Ausruf vermischte Trotz und Appell; es war fast ein Schrei, der ihm entrissen wurde. Seine Position war bereits vor der Einführung dieses neuen Elements hart genug gewesen. Das Mädchen verstand es, denn der Zorn erstarb aus ihren Augen wie eine erloschene Flamme.

„Es muss einen Weg geben“, sagte sie ganz sanft. „Es gibt immer einen richtigen Weg, wenn man ihn nur findet. Ich denke, Sie sollten jetzt besser nicht hier bleiben. Mr. Masterson kommt immer um diese Zeit; für ihn ist es sogar spät."

Die Warnung hatte sich zu lange verzögert. Fast beim letzten Wort waren im Foyer die Schritte eines Mannes zu hören, die Vorhänge raschelten auseinander und die Tür schwang auf.

„Was, Tony in einem Kinderzimmer!" rief der Hausherr mit einer seltsam müden Fröhlichkeit. Er trat vor und reichte Adriance die Hand , sein amüsierter Blick war völlig herzlich. Wenn er sich fragte, wie der andere Mann hierhergekommen war, war er sowohl zu gleichgültig als auch zu wohlerzogen, um diese Tatsache zu verraten. „Sie haben mich erwischt; nur hier bin ich hinter der Zeit zurück", fügte er hinzu. "Hallo Sohn!"

Adriance blieb die Notwendigkeit einer Antwort erspart. Das Baby, das die Besucherin mit großen Augen angestarrt hatte, brach in wildes Kichern und Schreien aus, löste sich aus dem Griff des Mädchens und stürzte sich mit beharrlich ausgebreiteten dicken Armen auf den Neuankömmling. Mit einem entschuldigenden, halb schüchternen Blick auf seinen Gast fing Masterson Holly auf und ließ sie in das geforderte Spiel einsteigen.

Es war ein gutes Spiel, offensichtlich das Ergebnis des Trainings. Der rosafarbene Raum hallte von dreifachen Freudenschreien wider; und Masterson lachte ebenfalls und warf gelegentlich warnende oder kommentierende Sätze ein.

„Jove, was für ein Schlag! Wie ist das für Muskeln, Tony? Ganz einfach, mein Sohn! Wie gefällt es *dir*, dass du deine Perücke gezogen hast? Jetzt ruhig."

Die beiden im Hintergrund sahen zu. Adriances Kehle zog sich zusammen; Er erstickte unter dem schrecklichen Gefühl, einer beschämenden Tat kaum entgangen zu sein. Er verstand das Mädchen jetzt noch besser. Aber wenn er sich selbst so sehr verabscheute und doch wusste, dass er zumindest das Unrecht getan hatte, um wie viel mehr musste ihr klarer Blick ihn in ihrer Unwissenheit über seine verspätete Änderung als verabscheuungswürdig empfinden! Er wagte es nicht, sie anzusehen. Er versuchte, sich an Lucille Mastersons bedauernd gemurmelte Klagen über Freds Nachlässigkeit im Umgang mit Geld, seine „Wildheit" und seine Vernachlässigung ihr gegenüber zu erinnern. Aber er konnte nur fest daran denken, dass, wenn Mrs. Masterson sich hätte scheiden lassen, das Sorgerecht für das Kind sicherlich ihr, der tadellosen Ehefrau, zugesprochen worden wäre. Für Fred Masterson und seinen Sohn hätte es kein Herumtollen mehr vor dem Schlafengehen gegeben. Wie ähnlich sahen die beiden aus! Er hatte vergessen, wie sehr rotbraun Freds Haare waren und wie jungenhaft seine Augen waren, wenn er lachte.

Für Masterson und seinen Sohn hätte es kein Schlafengehen mehr gegeben

Mit einem letzten Hin- und Herwerfen und Schreien wurde das zerzauste , keuchende Baby ins Bett zurückgelegt, eine Wange war mohnrot von einer groben männlichen Liebkosung. Ein wenig beschämt über die Sentimentalität wandte sich Masterson an seinen Gast.

"Überall!" er beeinflusste Leichtigkeit. „Komm und trink einen Martini vor dem Abendessen, Tony."

„Nein, danke. Das konnte ich nicht." Adriance riss sich mit großer Anstrengung zusammen. „Ich habe Ihr Kind lachen gehört und habe gerade hier reingeschaut. Ich sollte mich entschuldigen; ich habe diese Dame noch nicht getroffen –"

Masterson betrachtete ihn neugierig.

„Miss Elsie Murray, Mr. Adriance ", folgte er der impliziten Bitte. „Miss Murray ist gut genug, Hollys Vormund zu sein, da niemand in seiner Familie Zeit dafür hat – oder Lust."

Sie war Krankenschwester. Die einfache Tatsache wurde Adriance zum ersten Mal bewusst . Das schlichte schwarze Kleid, die kleinen weißen Manschetten und der Kragen, die es zu einer Uniform machten, ihre ständige Aufmerksamkeit für das Baby – alle offensichtlichen Anzeichen waren für ihn von ihrem Gesicht und ihrer Haltung überschattet worden, und die Persönlichkeit stimmte überhaupt nicht mit der Position überein, in der sie sich befand Sie war.

Es gab keine Veränderung in ihrem Gesicht. Er verstand, dass sie sich nie vorgestellt hatte, dass er nichts von ihrer Beziehung zu Holly wusste. Trotz all seiner wirbelnden Gedankenverwirrung gelang es Adriance , äußerlich Fassung zu bewahren und die Einführung so zur Kenntnis zu nehmen, wie er es bei jeder sanften Frau tun würde. Das urige Wort schien ihr zu passen.

Sie begegnete ihm mit einer Haltung, die seiner eigenen mindestens ebenbürtig war. Aber er war es, der ihm die Hand reichte, ohne auf Mastersons Bemerkung zu achten. Es kam ihm vor, als hätte er sich noch nie in seinem Leben etwas so verzweifelt und mit so leidenschaftlichem Eifer gewünscht, wie er sich danach sehnte, vor diesem Mädchen gerechtfertigt zu werden. Er wollte, dass sie genau das wusste, was er niemandem ehrlich sagen konnte: dass er aus freien Stücken mit Lucille Masterson gebrochen hatte. Seine Augen suchten ihre, unbewusst flehten sie um ihr Verständnis; tatsächlich hatte er die unklare Vorstellung, dass sie verstehen würde, dass sein angebotener Händedruck nur deshalb gewagt wurde, weil er nicht das Unrecht tun würde, das sie beide hassten.

Vielleicht hat sie es verstanden. Zumindest reichte sie ihm zum ersten Mal in ihrer Bekanntschaft die Hand. Er ergriff es mit einer Aufhellung seines gezeichneten Gesichts und beugte sich zu ihr.

"Danke schön!" er sagte. „Ich gratuliere Holly. Sie werden ihm rechtzeitig etwas über Maître Raoul Galvez beibringen."

Diese Rede überraschte sie; Einen Moment lang zog sie ihre Hand nicht zurück, ihr direkter Blick begegnete seinem. Er sah, wie sich ihre grauen Augen trübten und klaren und wieder trübten; plötzlich verdeckten ihre dunklen Wimpern sie vor ihm.

„Ja", murmelte sie. "Ja."

Masterson starrte die beiden an, seine Lippen öffneten sich vor zynischem Interesse. Aber niemand nahm den zweiten Beobachter wahr. Mrs. Masterson war an die Tür gekommen, während Masterson mit dem Baby spielte, und stand immer noch mit zusammengekniffenen, ungläubigen Augen da und begutachtete das erstaunliche Bild, das ihr Kindermädchen und Tony Adriance boten . Sie selbst war Adriance für ein letztes Wort gefolgt , ohne zu wissen, dass ihr Mann nach Hause zurückgekehrt war. Und sie hatte diese Gruppe in ihrem Kinderzimmer gefunden.

Als die anderen sich bewegten, zog sie sich zurück. Die Vorhänge fielen lautlos zu. Die beiden Männer kamen fast sofort ins Foyer, aber die Bronzelampe erhellte einen leeren Raum.

Masterson stellte seinem Gast keine Fragen, als sie vor dem Kinderzimmer stehen blieben, aber Adriance hatte sich genug besonnen, um das Mädchen vor der Peinlichkeit zu bewahren.

„Eines Tages habe ich im Park angehalten, um mit deinem Jungen zu sprechen“, bemerkte er beiläufig. „Miss Murray erzählte ihm ein seltsames Märchen, das mich faszinierte; kreolisch, sollte ich meinen.“

Masterson legte seine Hand auf die Schulter des anderen und ignorierte die Erklärung.

„Wir scheinen nie mehr zusammenzukommen, außer bei irgendeinem gesellschaftlichen Unsinn“, bedauerte er. „Früher standen wir uns ziemlich nahe, Tony. Erinnerst du dich an die Nacht im Maine-Lager, nachdem das Kanu umgekippt war, als nur noch eine Decke übrig war und wir uns dafür zusammenwarfen? Ich weiß nicht mehr, wer gewonnen hat, aber ich weiß, dass wir beide.“ darunter geschlafen – so viel wir unterkriegen konnten.“ Er lachte in Erinnerungen. „Nun, von dort bis hier ist es weit! Sollen wir zu Lucille gehen?“

„Danke, aber ich habe mich bei Mrs. Masterson entschuldigt“, antwortete Adriance ruhig. „Ich hatte ein Telegramm –! Ich habe für den Rest des Jahres frei, vielleicht auch länger. Ich fahre nach Südamerika.“

„Das Geschäft deines Vaters? Ich erinnere mich, dass du einmal von so etwas gesprochen hast. Ich wünschte, ich würde mitkommen.“

Er seufzte vor ungeduldiger Müdigkeit und die beiden standen einen Moment lang still da. Masterson richtete seine schlanke, nervöse Hand aus.

wünsche dir viel Glück , Tony. Normalerweise tut es das aber! ‚Für den, der ——.‘“

KAPITEL V.

DAS KLEINE ROTE HAUS

Am nächsten Tag stürmte es. Ein beißender Nordwind fegte über Fluss und Stadt; ein Wind, der die ersten Eispartikel des nahenden Winters trug. Es gab keine Kinder auf der Auffahrt oder im Park, außer ein paar stämmigen Bengeln, die weder ihrem Alter noch der Klasse entsprachen und von Krankenschwestern betreut wurden. Niemand hatte Lust, sich dem düsteren, grauen, finster dreinblickenden Tag zu stellen, dessen Atem eiskalt war.

Im Frühstücksraum der Adriances hatte man versucht, die äußere Trostlosigkeit durch Lampen, die unter goldfarbenen Lampenschirmen leuchteten, auszugleichen. Aber nur ein Optimist hätte seine Vision dahingehend täuschen können, den künstlichen Sonnenschein als zufriedenstellend zu akzeptieren. Tony Adriance war über die schwache Täuschung sogar irritiert und knipste die Lampe aus, die ihm am nächsten stand, als er seinen Platz einnahm.

Die Handlung war unbedeutend, aber Mr. Adriance , der auf der gegenüberliegenden Seite des runden Tisches saß, warf seinem Sohn einen scharfen Blick zu und las eine Interpretation davon vor. Er glaubte, dass Tony die blasse Erschöpfung seines Gesichts verbergen wollte. Darin hatte er Unrecht; Tony Adriance hatte keine Gedanken mehr über sein Aussehen. Da er nicht in den Spiegel geschaut hatte, waren ihm die Spuren, die die letzte Nacht hinterlassen hatte, nicht einmal bewusst. Er schätzte überhaupt nicht die Bedeutung ein, die sein Vater jetzt höflich fragte:

„Dir geht es heute Morgen nicht gut?"

„Ganz gut, danke", antwortete Tony; Er blickte von seinem Teller auf, etwas überrascht über die Frage.

Mr. Adriance begegnete dem Blick mit aufrichtiger Neugier. Da sein erster Versuch scheiterte, suchte er nach einem zweiten. Tatsächlich wusste er sehr gut, dass Tony keine der Angewohnheiten hatte, die zu ungemütlichen Morgen führen, obwohl seine gegenwärtige Haltung bei flüchtiger Betrachtung an eine weiße Nacht erinnerte. Glücklicherweise hatte er die Anspielung in der Frage des älteren Mannes nicht bemerkt und war nicht beleidigt. Mr. Adriance verabscheute es, im Unrecht zu sein.

Tony war zu lustlos, um dem Thema überhaupt nachzugehen. Nachdem er einen Moment vergeblich auf die Erklärung seines Vaters gewartet hatte, widmete er sich mehr oder weniger gleichgültig dem Frühstück. Er spekulierte über seine eigene Fähigkeit, seine Sorgen dem ruhigen Blick des

Herrn am Tisch darzulegen. Er war mit dieser Absicht die Treppe heruntergekommen, geboren aus der bitteren Erfahrung der Nacht, Einsamkeit und Unglück. Jetzt hatte er das Gefühl, dass das Projekt unmöglich war. Sein Vater und er hatten keine ausreichende Intimität. Er litt unter einem Anfall von Entmutigung und Müdigkeit. Seine einzige Idee war gescheitert, doch es musste etwas entschieden werden, ein Kurs musste eingeschlagen werden.

Mastersons gegessen , glaube ich?" Mr. Adriance hatte seine zweite Gefahr gefunden. Unbewusst wurde seine Stimme schärfer; Es wäre unerträglich, wenn Tony und Masterson eine ungeschickte Szene zwischen ihnen gemacht hätten. Gelegentlich fragte sich Mr. Adriance , was für eine so kluge Frau wie Lucille Masterson in den beiden gesehen hatte.

„Nein", bestritt Tony.

„Nein? Ich hatte verstanden ——?"

„Ich habe in der Innenstadt gegessen."

Das war die erste bewusste Lüge, die der jüngere Mann dem älteren in ihrem gesamten gemeinsamen Leben erzählt hatte. Aber Tony stand vor einer völligen Unmöglichkeit; Er konnte nicht zugeben, dass er bis Mitternacht in einem Parkpavillon gesessen hatte und sich nicht mehr Gedanken über die alltägliche Routine des Lebens gemacht hatte als ein sentimentaler Junge. Dennoch klang seine Stimme in seinen eigenen Ohren nicht überzeugend und die Demütigung überkam ihn wie eine Hitzewelle. Der Wunsch, von allem und jedem Vertrauten wegzukommen, machte es ihm schwer, nicht aufzuspringen und das Zimmer und das unvollendete Frühstück zu verlassen.

Aber Mr. Adriance war überzeugt und besänftigt. In seiner Erleichterung verspürte er den wirklich freundlichen Wunsch, Tony von seiner offensichtlichen Depression zu befreien.

„Sie scheinen etwas im Kopf zu haben", bemerkte er. „Wenn es etwas ist, das ich entfernen könnte, rufen Sie mich bitte an, Tony."

"Finanziell?" fragte sein Sohn trocken.

„Sicher, wenn Sie möchten. Sie sind nicht im Geringsten extravagant. Tatsächlich sind Sie ein charmanter Widerspruch zu vielen populären Vorstellungen über diejenigen, die nicht zwangsbeschäftigt sind."

„Vielen Dank. Aber ich wünschte, Sie würden mich einstellen, Sir, wenn auch nicht unter Zwang. Ich möchte eine Zeit lang weggehen, nicht nur – zum Vergnügen. Können Sie mich nicht irgendwohin schicken, um Ihre

Interessen zu vertreten, anstatt einen angeheuerten Agenten zu beauftragen? „Vielleicht könnte ich lernen, dir zu helfen.“

Der letzte Ausdruck war unglücklich. Mr. Adriances Stirn zog sich zusammen und die Herzlichkeit verließ seinen Blick.

„Ich bin noch nicht überjährig“, bedeutete er. „Wenn ich Hilfe brauche, werde ich sie darum bitten, Tony. Natürlich habe ich vor, dich darin zu schulen, nach meinem Tod die Verantwortung für deine eigenen Angelegenheiten zu übernehmen. Du wirst feststellen, dass das eines Tages völlig ausreichend sein wird, um dich zu beschäftigen. Es tut mir leid, wenn du Ich kann mich jetzt schon nicht mehr amüsieren. Nächstes Jahr, wenn Sie möchten, werden wir uns mit Ihrer kaufmännischen Ausbildung befassen. Dieses Jahr werde ich zu beschäftigt sein. Du bist jung und ich bin nicht alt.“

Sein Blick richtete sich auf einen Spiegel, der in einem Buffet gegenüber stand. Das reflektierte Gesicht hatte klare Umrisse, fest bis zur Grenze der Härte; Die Augen waren voll und wachsam, das sorgfältig gekämmte Haar so üppig, dass sein Grauton Würde verlieh, ohne den Einfluss des Alters. Selbstachtung berührte Mr. Adriances Lippen mit einem Lächeln, als er hinsah, und glättete seine leichte Verärgerung. Als sein Sohn diesen Blick verfolgte, verspürte er eine Bewegung verwandter Bewunderung und ein erneutes Gefühl seiner eigenen persönlichen Unzulänglichkeit. Tony Adriance hatte nichts erreicht, und doch war er bereits müde. Wie würde er aussehen, wenn er dreißig Jahre älter wäre? Kaum so, befürchtete er. Auch Fred Masterson würde es nicht tun! Wem lag der Fehler und welche Lösung gibt es?

Mr. Adriance zu seinem Kaffee zurückkehrte, war er überrascht, dass der andere ihn beobachtete, und zuckte mit den Schultern, um das Urteil ohne Verlegenheit zu akzeptieren.

„Wir haben ja jede Menge Zeit“, bemerkte er. „Außerdem sind Sie für abstrakte Angelegenheiten kaum bereit. Sie sind noch nicht sesshaft genug. Das wird nach Ihrer Heirat kommen. Ich selbst habe jung geheiratet. Die Ehe macht das Privatleben hinreichend eintönig, um die Abwicklung wichtiger äußerer Angelegenheiten nicht zu beeinträchtigen.“

"Macht es?" spekulierte Tony zweifelnd.

„Das sollte es. Monotonie ist dem Inhalt näher als Aufregung, würden Sie nicht sagen?“

„Hängt das nicht von der Art der Monotonie ab?“

„Sicherlich. Deshalb sollte jeder Mann seine eigene Frau wählen.“

„Ich verstehe. Wenn ich jemals eine Frau wähle, werde ich mich an den Rat erinnern.“

Diesmal war Herr Adriance erstaunt. Ihm entging weder die Bedeutung dieser Bemerkung noch die Veränderung in Tony seit dem Vortag, als er ihn das letzte Mal gesehen hatte. Es war nicht möglich, sich in einer so heiklen Angelegenheit ausdrücklich zu äußern, insbesondere wenn die Bediensteten anwesend waren; aber seine Neugier war nicht zu leugnen.

„Sie haben diesen Punkt noch nicht erreicht? Ich hatte mir vorgestellt –“

„Ich habe derzeit kein solches Engagement“, lautete die klare Antwort.

Mr. Adriance schob seine Fingerschale weg und ließ zu, dass seine Zigarre von dem respektvollen Automaten hinter seinem Stuhl angezündet wurde.

„Es tut mir leid“, sagte er.

Sein Sohn hat ihn nicht missverstanden; Tatsächlich verstand er es besser als vielleicht der ältere Mann selbst. Mr. Adriance hatte sich die Gastgeberin ausgesucht, die er für sein Haus haben wollte, oder besser gesagt, er war von Tonys vermeintlicher Wahl entzückt gewesen. Lucille Masterson erfüllte sein Ideal von der Frau seines Sohnes. Ihre Schönheit wäre ein Grund zum Stolz; ihre soziale Erfahrung würde sie für die Position geeignet machen; Darüber hinaus war sie zu schlau, um Tonys Vater nicht schon vor langer Zeit umworben und die echte Sympathie davon gewonnen zu haben. Fred Masterson wurde kaum berücksichtigt, es sei denn, er war ein Hindernis, das schnell beseitigt wurde, als die richtige Zeit gekommen war. Und jetzt machte Tony selbst das ganze angenehme Familienleben, das Mr. Adriance geplant hatte, zunichte. Er wusste, dass sein Vater niemals freiwillig einen perfektionierten Plan aufgab; Tatsächlich ließ er sich nur selten von einem Ziel abbringen, auf das er fest fixiert war.

„Vielleicht überdenken Sie diese Aussage später noch einmal“, schlug Mr. Adriance schließlich vor.

„Ich glaube nicht, in dem Sinne, wie du es meinst“, antwortete er langsam.

Mr. Adriance erhob sich abrupt.

„Das hoffe ich“, sagte er mit einem Anflug von Schärfe; „Ich hoffe, du wirst nicht unentschlossen und wechselhaft, Tony. Ich verabscheue Charakterschwäche. Vielleicht solltest du lieber irgendwohin reisen und dich in Stimmung bringen.“

„Vielleicht“, stimmte Tony zu; Seine Stimme war nicht nachgiebig, sondern mürrisch und verzweifelt.

Tatsächlich war er so nahe an einer Krankheit, wie es ein Mensch ohne körperliche Verletzung oder Krankheit nur sein kann. Nachdem sein Vater den Frühstücksraum verlassen hatte, saß er noch lange Zeit in völliger geistiger Unfähigkeit, irgendeine Anstrengung zu unternehmen. Schließlich erhob er sich, bedrückt von einem Gefühl der Erstickung in der reichen, düsteren Atmosphäre; von Gefangenschaft und Hilflosigkeit. Er wollte Luft und Einsamkeit, die Einsamkeit, der er in den Frühstücksraum entfliehen wollte, und er konnte sich keinen Ort vorstellen, an dem er sich beides so sicher fühlen konnte wie in seinem Auto.

In seiner Gedankenlosigkeit ging er barhäuptig und ohne Mantel über die gefrorene Rasenfläche zwischen Haus und Garage. Das Wetter war ihm völlig gleichgültig; Sein Chauffeur steckte ihn in Pelze und reichte ihm ganz selbstverständlich Handschuhe und Mütze, sonst wäre er schlecht gerüstet für den Wind und Sturm davongekommen.

Er schwang seine Maschine von der Betonböschung auf die Straße und bog über den Broadway ab. Er wollte nicht an Elsie Murray vorbeikommen, die es sich mit Holly Masterson auf den Knien im Parkpavillon gemütlich gemacht hatte; doch seine Gedanken waren so von ihr beeinflusst, dass er, als er die Hundertunddreißigste Straße erreichte, wieder nach Westen abbog und die Fähre über den Hudson nahm. Er hatte keinen besseren Grund dafür als die Ruhe und Zufriedenheit, die sie aus der Betrachtung des gegenüberliegenden Ufers zu ziehen schien.

Er raste mit einer Schar anderer Autos den Hügel Fort Lee hinauf und bog nach Westen und Norden ab, um ihrer Gesellschaft und allen ihm bekannten Sehenswürdigkeiten zu entkommen. Er mied die Hauptstraße und wählte lediglich Quer- und Bergstraßen und Gassen. Stets hatte er das lebhafte, hübsche Gesicht von Lucille, das müde junge Gesicht von Masterson und die grauen Augen von Elsie Murray vor sich.

Ein Kindermädchen! Das Mädchen, das ihm die Legende von Raoul Galvez erzählt hatte, das Mädchen, an dessen Maßstab er sich und seine Gefährten gemessen hatte und das die träge Aufmerksamkeit seines Gewissens auf das Unheil gerichtet hatte, das seine nachgiebige Gutmütigkeit anrichtete – dieses Mädchen war es Lucilles Kindermädchen. Das Erstaunen der vergangenen Nacht blieb bei ihm und prägte alle anderen Gefühle. Er war herausgekommen, um seine Gedanken zu ordnen, aber die Stunden vergingen und sie blieben in einem chaotischen Zustand.

Gegen Mittag lief er durch einen schmalen Waldweg, als eine Kurve der Straße plötzlich offenbarte, dass ihm der Weg von einem riesigen Wagen versperrt war, der vor ihm stand. Es war ein Umzugswagen; Die Segeltuchwände waren von sperrigen Möbeln und Haushaltsgegenständen überzogen , die hinteren Türen waren offen, so dass ein riesiger, altmodischer

Schrank dazwischen stehen konnte. Adriance brachte seine Maschine abrupt zum Stehen.

„Machen Sie den Weg dorthin frei", rief er dem unsichtbaren Fahrer ungeduldig zu; „Was ist los – kaputt?"

Die Antwort kam nicht von der verdeckten Vorderseite des Lieferwagens, sondern von der Bank am Straßenrand.

„In Ordnung, aber ist es nicht eine Schande, dass du beim Abendessen reingeflogen bist!"

Die Antwort war unerwartet; Adriance blickte auf die Stimme des Beschwerdeführers. Im Schutz eines großen Felsbrockens, der etwas Schutz vor dem Wind bot, saßen drei Männer, jeder mit einer ledernen Brotdose auf dem Knie. Zwei von ihnen trugen die gestreiften Schürzen von Umzugsmännern; der Dritte war offenbar der Sprecher und der Fahrer. Alle drei hielten verschiedene Essensportionen in der Hand und starrten auf den Eindringling in der Haltung herab, in der sein Vormarsch sie aufgehalten hatte.

„Es ist nicht so, dass wir einfach aussteigen könnten", fuhr der Fahrer fort, nicht verärgert, sondern mit unpersönlichem Ekel. Er steckte den Apfel in seiner Hand zurück in seine Brotdose und stand auf. „Wir müssen eine Meile zurücklegen, bevor ihr vorbeikommt. Kommt schon, Jungs."

„Nein", Adriance riss sich aus seiner Selbstbezogenheit auf, um den Aufruhr zu verhindern. „Ich habe es nicht eilig; beenden Sie Ihr Mittagessen, und ich werde warten."

Die drei am Ufer starrten genauer hin.

„Du bist ein Sport", lobte der Fahrer; „Aber es ist nicht mehr als fünf Minuten nach zwölf."

„Was hat das damit zu tun? Oh, ich verstehe. Du meinst, dass du dich bis eins ausruhst?"

"Sie sind auf."

„Nun, ich habe gesagt, dass ich es nicht eilig habe", er akzeptierte die Verzögerung, an die er nicht gedacht hatte. „Ruh dich aus und ich werde rauchen."

Die drei Männer sahen sich an, dann setzte sich der Fahrer langsam. Die fressenden Pferde waren gegen die Kälte mit Decken bedeckt, aber die Männer schienen sich nicht um die Temperatur zu kümmern. Sie wurden jedoch offensichtlich durch die Anwesenheit des Mannes im Auto eingeschränkt.

„Diese Straße wird nicht viel befahren", sagte der Fahrer plötzlich. „Wir bringen diese Ladung zu einem Bauernhaus hier oben . Deshalb dachten wir, wir könnten den Verkehr unbemerkt stoppen."

Seine runden, leuchtenden Augen stellten eine Frage, die Adriance mit zweifelhafter Wahrhaftigkeit beantwortete.

„Ich habe mich verirrt."

"Oh!" Der Fahrer hielt inne und rutschte dann plötzlich die Böschung hinunter.

„ Sind wir nicht die Schweine?", bemerkte er abfällig, trat an die Seite des Autos und bot ihm seine Brotdose an. „Willst du nicht essen?"

Die müden, dunkelblauen Augen von Tony Adriance trafen auf die fröhlichen, hellblauen Augen des anderen Mannes. Die beiden Männer waren ungefähr gleich alt, und einer von ihnen war verzweifelt einsam und hatte genug von seinen eigenen Gedanken. Sie lächelten beide unwillkürlich.

„Danke, das werde ich", sagte Adriance ; und nahm ein dickes Roggenbrotsandwich aus der präsentierten Schachtel. Der Fahrer setzte sich auf das Trittbrett des Wagens und es herrschte wohltuendes Schweigen.

Das Sandwich war ausgezeichnet. Adriance hatte wenig gefrühstückt; doch wenn er sich selbst überlassen wäre, hätte er in seiner bitteren Beschäftigung kaum an Essen gedacht; aber es tat ihm gut. Der mit billigem Senf bestrichene Schinken hatte eine ganz eigene Würze, vielleicht etwas brutal, aber effektiv. Es war auch ein großzügig gestaltetes Sandwich, keine zerbrechliche Waffel. Er hat alles gegessen, sogar die scharfe Kruste.

„ Noch nicht ?" lud den Gastgeber ein.

„Nein, danke, aber das hat gut geschmeckt." Adriance zog sein Zigarrenetui heraus. „Wollt ihr jetzt nicht alle mit mir eine rauchen?"

Die Zigarren wurden gereicht und angezündet. Bevor er den Koffer zurückgab, begutachtete der Fahrer offen das feine Lederspielzeug mit dem winzigen Monogramm in einer Ecke.

„Das ist in Ordnung", stimmte er zu und gab es seinem Besitzer zurück. „Ich hatte Angst, du würdest eine kleine goldene Schachtel Zigaretten hervorholen."

"Warum?" amüsiert.

„Oh, ich weiß nicht, mein Glück, schätze ich."

„Du magst sie nicht?"

„Ich? Ich habe eine drei Jahre alte Pfeife bekommen, die *etwas* Tabak enthält – das für mich. Aber diese Zigarre ist in Ordnung. Haben Sie schon einmal eine Pfeife probiert?"

"Ja."

Der Fahrer lehnte sich bequem gegen das neben dem Auto festgeschnallte Reserverad und blickte in den grauen, kalten Himmel.

„Eine Pfeife, meine Füße auf dem Küchenherd, die Kinder und die Frau – ich dafür, Nächte."

Adriance sah ihn überrascht und prüfend an. Fast hätte er sich vorstellen können, dass Elsie Murray an die Seite des Mannes getreten war und ihn dazu aufgefordert hatte. Was, war es denn wirklich und alltäglich, dieser heimelige Inhalt, den sie einst so anschaulich dargestellt hatte? Hatten die meisten Männer solche Häuser?

"Du bist verheiratet?" fragte er vage.

„Klar, diese fünf Jahre; wir haben zwei Kinder bekommen." Der jungenhafte Fahrer lachte und schüttelte nachdenklich den Kopf. „Verdammte kleine Kerle! Was sie nicht vorhaben, weiß ich nicht. Letzte Woche haben sie einen großen Bullenwelpen von der Straße gezerrt und die Frau in Angst und Schrecken versetzt. Pete – er ist vier – hatte es am Kragen dreist wie Messing, und es ist hässlich genug, um einem Angst zu machen. Sag mal, ich probiere einen dieser Pläne aus, um Kinder an ihm zu trainieren; ich trainiere ihn, weißt du. Du solltest die Muskeln sehen, die er bereits hat, Arme und Beine hart wie Nägel . Glaubst du, dass es gut funktionieren wird ?"

Adriance blickte in das eifrige Gesicht.

„Ja, das tue ich", sagte er langsam. „Du darfst nicht älter als fünfundzwanzig oder sechs sein –?"

„Fünfundzwanzig ist richtig."

„Du musst ziemlich hart gearbeitet haben?"

„Seit ich vierzehn bin", war die fröhliche Zustimmung. Er zog eine Dollaruhr heraus und betrachtete sie. „Es ist ein Uhr! Wir werden uns wieder verstehen, Jungs. Ja, ich war beschäftigt. Aber die Frau und ich sparen. Eines Tages werde ich ein eigenes Speditionsunternehmen haben; das gibt es Es ist gutes Geld drin. Nun, wir sind Ihnen auf jeden Fall dankbar, dass Sie auf uns gewartet haben.

Die anderen beiden Männer kamen das Ufer hinunter. Adriance zog seinen Handschuh aus und reichte seinem Bekannten die Hand.

„Ich bin froh, dich kennengelernt zu haben. Viel Glück!"

"Dir auch!" Er zog seinen Fäustling aus, um ihn zu verschließen. „Gehst du zur Fähre?“

„Ich – ich –? Ja.“

„Nun, biegen Sie ab, wenn Sie die nächste Straße erreichen. Es ist eine schlechte, aber eine Abkürzung zur Palisades Road .“

Den Pferden wurden die Decken abgenommen und die Säcke, in denen sie ihr Mittagessen aufbewahrt hatten, entfernt. Die Männer kletterten auf ihre Plätze, und bald darauf kroch Adriances rasante Maschine rebellisch hinter dem Umzugswagen her.

Am Ende einer Meile erreichten sie die Seitenstraße und trennten sich mit fröhlichen Abschiedsrufen.

Adriance gebracht hatte . Es hatte Dämpfe verdrängt, seinen Geist zur Normalität gebracht und ihn belebt wie ein scharfes Stärkungsmittel. Dennoch hatte es ihm einen Vorwurf gemacht. Er kontrastierte sich mit diesem jungenhaften Ehemann und Vater; Ja, stellte Mr. Adriance , Senior, den Fahrer gegenüber, der nach getaner Arbeit eifrig den Körper seines Sohnes aus eigener Kraft trainierte. Er konnte sich nicht erinnern, dass sein Vater jemals mit ihm gespielt oder ihm ernsthaft Ratschläge gegeben hatte. Sogar Fred Masterson ging es besser.

Die Straße mündete abrupt in die Hauptstraße. Ein vorbeifahrendes Auto hielt Adriance für einen Moment auf , und als er träge über den Weg blickte, bemerkte er ein Haus. Nachdem das andere Auto vorbeigefahren war und der Weg frei war, saß er ganz still in seiner Maschine und starrte.

Es gab nichts an dem Haus vor ihm, das ins Auge fiel, außer einer gewissen urigen Robustheit, die die Verlassenheit überdauert hatte. Es handelte sich eher um eine Hütte als um ein Haus, auf dem ein Schild mit der Aufschrift „Zu verkaufen“ stand und das unbewohnt war. Es war ein rot gestrichenes Häuschen, erbaut in jener absurden gotischen Bauweise, die einst von einigen verrückten Bauherren bevorzugt wurde. Sein lächerliches Dach und seine Fenster hatten hohe Spitzen; Sein hoher, schmaler Vorbau hatte eine spitze Spitze, die wie eine Karikatur des Eingangs zu *Notre Dame de Paris aussah* . Es stand ganz abseits der Straße und wirkte verlassen; aber es war unbesiegbar fröhlich, sogar vor dem grauen Himmel. Es war ein Haus, das gemütlich sein wollte .

Plötzlich merkte Adriance , dass er sehr müde war. Er war nicht bereit, nach Hause zu gehen; er dachte sogar mit Abscheu daran, dorthin zu gehen. Dennoch war er es leid, seine Maschine über die Autobahn zu lenken. Er verließ seinen Platz und ging den zwei Bretter breiten Holzweg hinauf, der zur Hütte führte. Die Fenster waren offen und ohne Vorhänge ; Er schaute hinein, setzte sich dann absichtlich auf die Stufe und verfiel in tiefe Träumereien.

An einem solchen Tag gab es nur wenige Passanten. Diejenigen, die gezwungen waren, auf die Straße zu gehen, blieben in der Kälte stehen und blickten neugierig auf das Auto, das an der Dachrinne stand, und auf den jungen Mann, der auf der alten Holzstufe saß.

Es war vier Uhr, als Tony Adriance aufstand und zu seinem Auto zurückkehrte. Er wandte sich nicht der Fähre zu, sondern blickte noch einmal auf das Schild am Haus; Dann drehte er seine Maschine um und fuhr zu einer Adresse, die sieben Meilen landeinwärts lag.

KAPITEL VI

DIE FRAU, DIE GAB

Tony Adriance hatte sich nicht wirklich um das Wetter gekümmert, bis er in der Abenddämmerung den Weg zum Steinpavillon am Riverside Drive fand. Kälte und Wind hatten einen leichten Eindruck auf seinen beschäftigten Geist und seinen gesunden Körper hinterlassen. Tatsächlich war sein Gefühl eher das eines Menschen, der gerade Fieber hat, als das eines Erkälteten. Und in ihm brannte ein heftiges Siegesgefühl, denn er brachte die Entscheidung zurück. Endlich wusste er, was er vorhatte.

Das Bedürfnis, das Mädchen zu sehen, das Hollys Krankenschwester war, brachte ihn dazu, auf das Wetter zu achten. Er blieb eine Weile im Pavillon stehen, nachdem ihm klar geworden war, wie absurd die Erwartung war, sie zu finden, und überlegte. Er war es gewohnt, seinen eigenen Weg zu gehen; Es war unwahrscheinlich, dass er es aufgeben würde, wenn seine Notwendigkeit dringend war. Sein Misstrauen gegenüber sich selbst war tief, wenn auch nicht eingestanden; er wagte es nicht, bis zum nächsten Tag zu warten. Außerdem könnte der Sturm anhalten. Nach einer kurzen Pause der Verwirrung ging er zum Broadway, fand einen Schreibwarenladen und einen Boten und schickte eine Nachricht an Miss Elsie Murray. Er schaute neugierig auf den Namen, nachdem er geschrieben worden war; es schien so sanft, sogar kindisch, gepaart mit ihrer Standhaftigkeit, an der er festhielt, was das einzig Stabile in seinem Wissen anbelangte.

Würde sie kommen? Der Zweifel begleitete ihn auf dem Weg zurück zum Pavillon. Konnte sie sich von künftigen Pflichten befreien, wenn sie wollte? Er wusste es nicht, aber er war fest entschlossen, sie an diesem Abend zu sehen. Er war tatsächlich wie ein Mann im Fieber; Eine Idee beschäftigte ihn.

Eine Viertelstunde verging; eine halbe Stunde. Die Abenddämmerung, deren Stunde des Abenteuers zufällig festgelegt war, war schon fast dunkel geworden, als Adriance die kleine Gestalt, die er beobachtete, vom Bordstein treten sah. Sie beeilte sich, rannte fast über die breite Allee, der Wind hüllte sie in ihre Kleidung.

„Danke", begrüßte der Mann sie, seine Dankbarkeit war sehr ernst.

Das Mädchen wischte seine Rede mit einer Geste beiseite. Sie atmete schnell; In all den Schatten wirkte ihr Gesicht weiß und klein.

„ Natürlich bin ich gekommen", sagte sie. „Es war nicht einfach – zu kommen. Ich kann nicht lange bleiben. Aber ich wusste, dass du nicht geschickt hättest, wenn es nicht wichtig gewesen wäre."

„Nein", bestätigte er und hielt inne. „Ich frage mich, warum du da bist? Ich meine, warum bist du jemandes Krankenschwester, die man dir befehlen kann, wenn du doch so viel bessere Dinge tun könntest? Natürlich kann ich sehen, wie anders du bist!"

Er blieb stehen, mit einem Gefühl alarmierter Ungeschicklichkeit. Weil sie müde war, setzte sich das Mädchen auf die kalte Steinbank, bevor sie antwortete.

„Da liegst du völlig falsch", sagte sie leise. „Ich kann überhaupt keine klugen Dinge tun. Ich meine nicht, dass ich dumm bin, sondern dass ich nichts so besonders gut machen kann, dass die Leute mich dafür bezahlen. Mein Vater kann das auch nicht. Ich denke, er ist der beste Mann." auf der Welt, und meine Mutter ist die liebste Frau, aber sie können kein Geld verdienen. Er ist Professor für Romantik und Geschichte an einem kleinen College in Louisiana. Wir sind ziemlich viele – ich habe vier jüngere Schwestern – also bin ich gekommen Norden, um mich zu ernähren.

"Aber--"

„Natürlich nicht als Krankenschwester. Ich kam mit einer alten Dame, deren Sohn wir am College kannten. Sie bat mich, ihr Privatsekretär zu werden. Aber nach ein paar Monaten starb sie. Ich konnte nicht mehr zur Last werden." Nachdem ich versucht hatte, andere Dinge zu finden, die ich tun konnte, und damit gescheitert war, kam ich, um mich um Holly zu kümmern. Warum reden wir über mich? Da war etwas Wichtiges, hast du gesagt?"

„Ich – ja", sagte Adriance . Er konnte so viel mehr lesen, als sie erzählte. Hinterher schämte er sich, als er sich daran erinnerte, dass er für ihre enttäuschten Hoffnungen weder Mitleid empfand noch zum Ausdruck brachte. Seine ganze Aufmerksamkeit war auf ihren festen Mut gerichtet; der Kampfgeist, den er in ihr geahnt hatte und zu dem seine Unentschlossenheit schwache Hände erreichte, die im Dunkeln nach Halt suchten.

Das Mädchen schrumpfte hinter der Steinsäule, die ihr am nächsten stand, als ein eiskalter Windstoß vorbeizog.

"Also?" sie spornte sein Zögern an.

Sie hatte Erfolg. Er trat näher an sie heran, um gehört zu werden; Das Fieber der letzten vierundzwanzig Stunden verstärkte sich und beschleunigte seine Rede.

„Ich werde Ihnen nichts von Mrs. Masterson erzählen", sagte er zu ihr. „Erstens wollten Sie nicht zuhören, und zweitens habe ich nichts zu sagen. Aber Sie müssen wissen, dass sie gestern Abend ihre Verlobung mit mir gelöst hat. Ich meine, bevor ich Sie im Kinderzimmer sah. Das war ich dann frei."

„Sie hat dich entlassen?“

Er hatte sich die Unwahrheit, die Lucille Masterson schützte, bewusst auf eigene Kosten ausgedacht. Aber es war schwieriger als erwartet, diese schwache Rolle vor Elsie Murray zu spielen.

„Ja“, er zwang sich zu der schwierigen Bestätigung.

„Das hättest du mir nicht sagen müssen“, ihre langsame Antwort durchquerte die Dunkelheit zu ihm. „Ich weiß, dass es nicht wahr ist. Und ich weiß, was wahr ist. Es spielt keine Rolle, wie ich – es gelernt habe. Aber wir können genauso gut ehrlich sprechen.“

Er hätte vor großer Erleichterung aufschreien können. Stattdessen nutzte er das angebotene Rederecht.

„Dann werde ich es tun! Du weißt, was ich Fred Masterson angetan habe. Ich habe den Glamour des Geldes, dessen, was ich kaufen konnte, in seinen Haushalt gebracht und seine Frau zu Unzufriedenheit und Ehrgeiz erweckt. Ich wusste nicht, was für ein Unheil ich anrichtete.“ arbeitete, bis es zu spät war. Ich habe einiges davon erst letzte Nacht verstanden. Was nun? Angenommen, ich verreise? Wohin kann ich gehen? Ins Ausland oder auf eine Jagdreise? Während ich weg war , würde sie sich scheiden lassen, Als ich zurückkam, drängten sie und die anderen mich in die Ehe. Mein eigener Vater drängt mich. Jeder hat Mitleid mit ihr und denkt, die Sache sei passend. Du kennst mich nicht! Ich mag sie und lasse mich leicht drängeln. Ich sage dir, ich habe bis letzte Nacht nie etwas anderes getan, als mich treiben zu lassen. Ich habe immer noch Angst vor mir selbst.“

„Warum hast du dann nach mir geschickt?“ fragte sie nach einer Pause.

In der unbewussten Geste, mit der er die Arme verschränkte, lag ebenso viel Mürrischkeit wie Entschlossenheit.

„Weil ich vorhabe, diese Sache zu stoppen. Weil ich für den Rest der Reise meinen eigenen Weg gehen werde, anstatt gedrängt und gezogen zu werden. Ich habe heute Abend aufgehört.“

"Wie, was meinen Sie?"

„Ich verlasse die Position, in der ich nicht stark genug bin, um standhaft zu bleiben. Und weil ich mich selbst kenne, repariere ich sie, damit ich nicht zurückgehen kann. Dir“ – er stolperte über das Wort – „du bist nicht viel besser dran als ich.“ , soweit es darum geht, vom Leben das zu bekommen, was du dir wünschst. Willst du – wirst du das Wagnis mit mir versuchen? Ich denke, ich bin mir sicher, dass ich meine Hälfte eines Hauses behalten könnte. Du hast einmal gesagt, dass du es gerne wärest die Frau eines armen Mannes –“

Das letzte Wort verklang, als würde seine Kühnheit ihn zum Schweigen bringen, weil er spürte, was er so bereitwillig fragte. Das Mädchen stand auf und schwankte leicht im starken Wind; Ihre Finger umklammerten das Steingeländer hinter sich, während sie versuchte, sein Gesicht in der Dunkelheit zu sehen. Eine Straßenlaterne ließ ein schwaches Grau in den Pavillon fallen, aber er stand im Schatten.

„Du – fragst – mich –?"

Er lachte kurz, um seine eigene Verlegenheit zu verbergen.

„Einen Mann zu heiraten, der nicht viel mehr ist als ein arbeitsloser Chauffeur! Autofahren ist im Moment meine einzige Möglichkeit, Geld zu verdienen. Natürlich müssen wir, wenn wir zusammen weggehen , von dem leben, was ich mitbringen kann." in. Es ist nicht sehr umwerfend, aber es ist auch nicht so toll, Krankenschwester zu sein."

Langsam kam ihr Verständnis.

„Du würdest das tun, damit du nie mehr zurückkehren könntest", flüsterte sie halb vor sich hin. „Wegen mir von allen abgeschnitten zu sein!"

"Nicht das!" Er entschuldigte sich schnell. „Nun, Sie sind in jeder Hinsicht über mir! Nein, das liegt daran, dass ich nicht alleine bestehen kann. Und natürlich – wenn ich verheiratet wäre –"

„Mrs. Masterson würde ihrem Mann noch eine Chance geben", endete sie.

Er konnte ihren Gesichtsausdruck nicht sehen, aber er spürte ihre Bitterkeit und dass er verlor.

„Seien Sie nicht beleidigt", appellierte er. „Ich dachte, wir könnten gute Freunde sein – warum, wenn ich dich nicht respektiere und – und bewundere, würde ich dann darum bitten, mein Leben mit dir zu verbringen? Ich weiß, ich biete dir nicht viel, aber es ist mein Bestes."

"Du liebst mich nicht."

Er neigte den Kopf zu dieser Behauptung; denn es war eine Behauptung, keine Frage. Nach der umwerfenden Gesellschaft von Lucille Masterson war Liebe kaum noch ein Gefühl, das er mit der ernsten, ruhigen kleinen Gestalt von Elsie Murray in Verbindung bringen konnte. Er war erneut überrascht und verlegen und zeigte es.

„Ich fürchte, ich bin nicht sehr sentimental. Könnten wir nicht mit Freundschaft beginnen? Ich werde versuchen, ein guter Kamerad für jeden Tag zu sein ."

Die Verzögerung dauerte so lange, dass er die Weigerung erwartete und spürte, wie sein Herz vor Verlust und Besorgnis sank. Plötzlich wurde ihm klar, dass alle seine Pläne auf einer von ihr geschöpften Kraft basierten. Er spürte das Zittern seiner Entschlossenheitsstruktur, als ihm diese Unterstützung entzogen wurde. Unvernünftige Bitterkeit überkam ihn. Selbst sie wollte ihn nicht haben, mittellos.

Sie zitterte. Das bemerkte er, als sie sprach.

„Sie möchten, dass wir uns verstehen?" sagte sie mit ziemlich ruhiger Stimme. „Sehr gut. Denken Sie also daran, dass ich bis letzte Nacht nie wusste, wer Sie sind. Sie waren nur ein Mann, der einsam schien, so wie ich nur eine Frau war, die allein war. Denken Sie daran, dass ich auch ein Mensch bin, und stellen Sie sich Dinge vor, und wie eintönig Es bedeutet, Krankenschwester zu sein und jeden Tag die gleichen Dinge zu tun. Ich dachte, du hättest mit mir geredet und wärest so oft gekommen, weil du angefangen hast, mich zu mögen. Einmal hast du Veilchen von einem Mann an der Ecke gekauft und sie dann weggeworfen, bevor du über die Straße gegangen bist für mich. Ich wusste, dass du sie für mich gedacht hast, befürchtete aber, dass ich nicht möchte, dass du sie mir gibst. Ich mochte dich lieber, weil du sie weggeworfen hast, als dass du sie gekauft hast. Ich war – dumm. Und ich kann dich nicht heiraten, weil du Liebe mich nicht, während ich – dich vielleicht.

Mit dem letzten leisen Wort ging sie an ihm vorbei und verließ den Pavillon, nicht im Laufschritt, sondern mit dem schnellen, sicheren Schritt der Endgültigkeit. Adriance blieb stehen und hatte keine klaren Gedanken mehr fassen können. Der erstaunliche Schlag hatte seine angesammelten Ideen getroffen und sie wie Staub zerstreut. Sie liebte ihn. Langsam wich die Verblüffung heißer Scham über die Beleidigung, die sein Vorschlag ihr gemacht hatte. Er war grob, unglaublich egoistisch und in Egoismus versunken. Er hatte sie mit der Anmut eines Hausmädchens gebeten, seine Frau zu werden. Und er hätte das Unglaubliche erleben können! Eine langsam steigende Erregung stieg in ihm auf; ein prickelndes, belebendes Interesse an der Zukunft, dem er mit so mürrischer Gleichgültigkeit begegnet war.

Sie war nicht mehr zu sehen. Adriance war nicht schnell im Denken oder bei der Anpassung. Aber er wusste jetzt, wo er nach ihr suchen musste. Er sprang aus dem Pavillon und rannte, wobei er sein ganzes Gewicht gegen den tosenden Widerstand des Windes warf. Die körperliche Anstrengung in dieser stechenden Luft ließ sein Blut in tonischer Erregung rasen. Er spürte, wie Trägheit und Morbidität von ihm abfielen; Lebensfreude tritt an ihre Stelle.

Das Mädchen überquerte gerade einen dunklen kleinen Parkstreifen, der vor dem Haus lag, in dem die Mastersons lebten, als er sie überholte.

„Elsie Murray!" er keuchte. „Elsie Murray!"

Seine Stimme und sein Akzent hatten sich verändert. Er sprach besitzergreifend mit ihr; er war nicht mehr abhängig, er dirigierte. Das Mädchen spürte den Unterschied sofort und blieb stehen.

„Laufst du vor mir weg, Elsie Murray?" Seine Hand schloss sich sanft um ihren Arm, er stand mit dem Vorteil seiner überlegenen Größe über ihr, und sie hörte, wie er die kalte Luft tief in seine Lungen einsog. „Ich habe dir damals nicht die Wahrheit gesagt. Ich hatte es vor, aber ich wusste es selbst nicht. Ich möchte, was du gibst, und ich möchte dir genauso viel geben. Warum, weißt du, wozu ich mich bewegt habe? Was hat mir den Willen gegeben, weiterzumachen, wenn ich all dieses schlechte Geschäft beende? Es war das, was du am ersten Abend, als ich dich sah, gesagt hast, über eine Frau, die bei brennenden Lampen auf ihren Mann wartete, und so weiter. Ich kann es nicht sagen Was ich meine – ich bin ungeschickt! Aber wirst du kommen und die Lampe für mich aufbewahren?"

Sie versuchte zu sprechen, doch zu seinem und ihrem Entsetzen bedeckte sie stattdessen ihr Gesicht; Ich weine nicht, aber ich kämpfe heftig darum, nicht zu weinen.

„Nein", warf sie ihm eine Absage entgegen. „Nein! Nein!"

Als ihre Festigkeit nachließ, gewann seine. Sie sah erbärmlich und hilflos aus, sie, sein Turm der Stärke. Plötzlich bewahrte er sie beschützend vor dem Ansturm eines heftigen Sturmwirbels; packte sie und drückte sie in seiner Armbeuge an sich.

„Wenn du mich liebst und ich dich will, haben wir für den Anfang genug", beharrte er sanft. „Ich verspreche dir, dass ich meinen Teil dazu beitragen werde. Wirst du es mit mir versuchen?"

Sie blieb still. Aber die lange Pause, der Kontakt zwischen ihnen, verband sich mit der Veränderung in dem Mann und half ihm.

„Willst du mich heute Abend heiraten?" er drückte.

Mit einem Anflug ihrer natürlichen Entschlossenheit löste sie sich von ihm.

„Nein! Nicht heute Abend, wenn du könntest!"

"Morgen dann?"

„Geh nach Hause", forderte sie ihn auf. „Gehen Sie nach Hause. Denken Sie an alles – an das, was Sie haben und was Sie zurücklassen würden, an alles, was Sie wollen und vermissen müssen. *Denken Sie nach.* Und wenn morgen –"

"Ja?"

„Wenn Sie sicher sind, kommen Sie zurück. Ich – vielleicht versuche ich es.“

Er wusste es besser, als sie noch weiter zu zwingen.

„Morgen dann treffe ich Sie mittags im Pavillon“, gab er trotz seiner sprunghaften Erregung ruhig nach. „Und da ist noch etwas anderes. Einmal habe ich diese für dich gekauft. Natürlich habe ich es später nicht gewagt, sie dir zu geben. Aber ich habe sie nicht weggeworfen, sondern habe sie heute Abend in meine Tasche gesteckt. Vielleicht wirst du sie tragen sie morgen, wenn wir weggehen.

Der Sturm zog erneut nieder. Diesmal hielt er sie nicht vor dem Windstoß zurück und sie flitzte mit ihm in die Dunkelheit. Aber sie nahm das Päckchen, das er ihr in die Hände gedrückt hatte; Endlich hatte sie das kleine Paar Schnallenschuhe.

KAPITEL VII

DAS GEWAGTE ABENTEUER

Sie heirateten am nächsten Tag um zwei Uhr. Die Hochzeit fand auf Wunsch von Elsie Murray in der Kirche statt. Mit einem gewissen Trotz, der seine Haltung gegenüber der ganzen Welt zum Ausdruck brachte, brachte Adriance sie, nachdem er ihre Lizenz erhalten hatte, zum Rektor dieser kostbaren und modisch anerkannten Kathedrale, die die Adriances mit ihrer Mitgliedschaft und gelegentlichen Besuchen beehrten. Natürlich waren die beiden erstaunt, aber in der Rede und Haltung des jungen Mannes lag eine Entscheidung, die eine Einmischung verbot. Der Geistliche fand nicht den vertrauten, lockeren, gutmütigen Tony Adriance in dem Mann, der die zarte Anspielung auf die Unerwartetheit der Hochzeit und die überraschende Abwesenheit von Mr. Adriance , senior, knapp zum Schweigen brachte.

„Ich bin überaltert, und Miss Murray auch", lautete die kurze Aussage, deren Endgültigkeit den Kommentar beendete. „Wirst du so freundlich sein, uns nicht aufzuhalten; wir verlassen die Stadt?"

Es gab keine Einwände mehr. Natürlich wurde die Braut nicht als Mrs. Mastersons Krankenschwester erkannt; sie war einfach ein unbekanntes Mädchen. Und sie deutete in keiner Weise an, dass Mr. Adriance außerhalb seiner Welt heiratete. Adriance selbst war mit ihr in dieser neuen Rolle vollkommen einverstanden . Ihm gefielen ihr dunkelblauer Anzug mit seinem beruhigenden Weiß an Hals und Handgelenken und ihr kleiner Hut mit einer bescheidenen weißen Feder im genau richtigen Winkel. Und sie trug die glänzenden kleinen Schuhe mit spanischen Absätzen seiner Wahl. Er bemerkte, wie groß ihre grauen Augen waren, als sie sie zu seinen hob, groß und klar, wie reines Wasser unter einem stillen, grauen Himmel klar ist. Aber ihre schweren Wimpern warfen Schatten darüber, so wie er einmal an einem Herbsttag Schattenlinien über einem kleinen See in Maine hatte liegen sehen. Er fragte sich, ob sie glücklich oder verängstigt war. Er konnte nicht sagen, was sie dachte oder fühlte.

also vor dem imposanten Altar aus cremefarbenem Marmor, und die übliche Ankündigung ging an die Zeitungen:

Adriance -Murray. Elsie Galvez Murray an Anthony Adriance , Jr., von Rev. Dr. Van Huyden , in der St. Dunstan's Cathedral.

Es war sehr einfach gemacht, für ein so gewagtes Abenteuer.

Als sie draußen in der glitzernden Herbstsonne standen, stellte Elsie Adriance ihre erste Frage.

"Wohin gehen wir?" fragte sie sich in ihrer sanften, verschwommenen Sprache, die Adriance jetzt als aus dem Süden erkannte. Auch ihr zweiter Vorname hatte seine Aufmerksamkeit erregt. Es gab einmal einen Gouverneur von Louisiana namens Galvez; New Orleans hat eine Straße, die nach ihm benannt ist.

Aber er dachte jetzt nicht an die Abstammung. Er sah seinen Begleiter zweifelnd an. Trotz seines unterdrückten Verhaltens litt er unter einer schrecklichen Erregung und einem zerreißenden Konflikt zwischen Willen und Verlangen. Er war sich der Endgültigkeit dessen, was getan worden war, vollkommen bewusst; und ein Teil von ihm wünschte, es würde rückgängig gemacht. Er dachte an seinen Vater und Lucille, wie ein Mann im Fieber denkt; er erhaschte einen flüchtigen Blick auf sie in einem Wirrwarr von Bildern, die er in Erinnerung hatte, und ahnte ihre zukünftige Haltung mit der Übertreibung seines unvernünftigen Schuldgefühls und seines verspäteten Bedauerns. Er fühlte sich in Fesseln, und der Fluchtinstinkt ergriff und erschütterte ihn. Aber er behielt die Kontrolle.

„Wo möchtest du hin?" Er zögerte und hielt seinen eigenen Wunsch zurück. Es stand ihm zu, jetzt und im Jenseits zuerst an sie zu denken.

Sie schüttelte den Kopf.

„Ich folge dir", erinnerte sie ihn ganz einfach und ernst. „Wo wäre es für Sie am einfachsten? Sie haben davon gesprochen, die Stadt zu verlassen; vielleicht wäre das das Beste. Ich denke, es scheint mir, dass wir so beginnen sollten, wie wir weitermachen wollen."

"Ja!" rief er eifrig. Sie hatte ihm sein innerstes Verlangen geäußert; In seiner Dankbarkeit ergriff er ihre Hand und stammelte im Rausch der Worte, die ihm entströmten. „Ja. Wenn du gehst, ich habe ein Haus – unser Haus. Lass es mich dir sagen. Gestern, nachdem ich dich am Abend zuvor bei Masterson getroffen hatte, war ich am Limit. Ich musste draußen bleiben und in Bewegung bleiben, oder in Stücke gehen. Ich habe immer wieder Fred und Holly gesehen. Nun ja, ich habe eine lange Fahrt gemacht; über den Fluss bin ich gefahren, vielleicht weil man dort drüben immer so aussah, als wäre es eine Art Märchenland . Und auf dem Rückweg , auf der Straße entlang der Palisades, sah ich das Haus. Es war – ich blieb stehen und ging hinein. Es sah aus wie ein Ort, von dem Sie ein Bild gemacht hatten. Ich kann nicht erklären, was ich meine, aber ich setzte mich dort hin und dachte nach Dinge raus. Du wirst nicht böse sein? Ich habe es gekauft. Nicht, dass ich mir so sicher gewesen wäre! Wenn du dich geweigert hättest, mich mitzunehmen, wusste ich, dass ich genug Geld hatte, um aus einer Laune heraus fünfzig solcher Exemplare zu kaufen. Und wenn Du würdest kommen, es war das Haus.

In ihrem Blick lag keine Wut, nur ein ermutigendes Verständnis und herzliche Bereitschaft.

„Lass uns dorthin gehen", stimmte sie zu. „Das würde mir am besten gefallen."

Als er wieder zum Leben erwachte, setzte er sie in das wartende Taxi, gab dem Chauffeur seine Anweisungen und schloss die Tür, als sie zum ersten Mal allein in der Ehe waren.

„Aber das ist eines der Dinge, die wir nicht tun dürfen", sagte sie ihm und brachte damit einen Hauch von Humor in die Situation. „Wir dürfen keine Taxis nehmen und zulassen, dass sie auf uns warten und ihnen jeden Moment einen Preis aussetzen. Das ist mehr als extravagant; es ist rücksichtslos."

Er lachte überrascht.

„ So ist es. Ich fürchte, du wirst mir viel beibringen können."

„Ja", sie nahm die Last auf sich. "Ja."

Sie fuhren zur Fähre hinunter, und das Taxi rollte an Bord des breiten, übelriechenden Bootes. Als das Schiff startete, lösten die Vibrationen des Motors in Adriance ein pochendes Gefühl des Aufbruchs aus , wie er es bei Beginn einer Europareise noch nie gespürt hatte. Diesmal konnte er nicht zurückkehren. Er war demütig dankbar für Elsies Schweigen, das sein Schweigen erlaubte.

Auf der Jersey-Seite bewegte sich ihr Taxi langsam durch das dunkle Fährhaus, tauchte dann in eine sonnendurchflutete Welt ein und schwang fröhlich den langen Edgewater-Hügel hinauf. Sie ließen die Flussschifffahrt inzwischen hinter sich. Das Sonnenlicht glitzerte durch die Wälder, die noch immer die langen, wallartigen Abschnitte entlang der Spitze der großen Klippen bedecken; ein Wald aus Juwelen wie die unterirdischen Wälder der Zwölf tanzenden Prinzessinnen, nur dass diese Bäume anstelle von Silber und Diamanten das Rot von Karneol und das Braun von Topas zeigten, alles in Kupfer und Bronze gefasst. Der Sturm der Nacht zuvor hatte den Boden mit der Beute aus Lady Autumns Juwelenkästchen übersät; die Luft war würzig süß und sehr klar.

Das Dorf am ersten Hang der Hügel war schmuddelig und arm gewesen. Hier oben, auf den Hügeln, die sich flussaufwärts windeten, gab es nur wenige Häuser mit langen Abständen dazwischen. Elsie lehnte sich ans Fenster und umarmte alles mit großen Augen. Adriance lehnte sich zurück und sah nichts.

Auf sein Zeichen hin hielt das Taxi jedoch schließlich vor einem kleinen roten Häuschen weit abseits der Straße an.

"Hier?" fragte der Chauffeur mit ungläubiger Verachtung.

„Hier", bestätigte Adriance und holte ihre beiden Koffer und seine Frau hervor. Er lachte ein wenig über das Gesicht des Mannes. "Wie viel?"

Die Maut machte Elsies Warnung deutlich. Sie verzog das Gesicht zu ihrem Schüler. Als seine Stimmung sich wieder steigerte, reagierte Adriance auf die Zurechtweisung, indem er ihre Hand ergriff und sie die absurde, schwankende gotische Veranda im Miniaturformat hinaufführte.

„Ich komme zurück, um das Gepäck zu holen", versprach er. „Komm und schau zuerst."

„Ist da irgendetwas drin?"

„Oh ja. Ich —" er sah sie schief an. „Ich habe heute früh in einem Geschäft in Fort Lee Sachen gekauft. Ich nehme an, dass sie alle falsch sind."

Sie begegnete seiner Zurückhaltung mit einem so warmen Lächeln, das in seinem süßen, mütterlichen Spott und seiner Nachsicht so bezaubernd war, dass sein Herz in ihm schmolz. Und während er mit dem Schlüssel herumfummelte, nahm sie ein Buch und eine kleine Glasflasche aus ihrer Handtasche und gab sie ihm.

"Was--?" er staunte .

„Weißt du das nicht?" sie wunderte sich über ihn. „„Wo bist du aufgewachsen, Mann?' Wissen Sie nicht, dass es im Haus kein Glück gibt, wenn nicht als Erstes die Bibel und das Salz hineingetragen werden?"

Er wusste es nicht, aber er empfand den Aberglauben als einen einzigartigen Reiz.

„Dann gib mir das Salz, und du nimmst das andere", teilte er die Zeremonie ein.

„Nein", bestritt sie leise. „Du solltest das Buch tragen, denn du wirst die Gesetze machen. Ich werde das Salz nehmen, weil ich den Herd bewahren werde."

Als sie hineingingen, war er seltsam ernüchtert von der Würde, die sie ihm entgegenbrachte.

Im Erdgeschoss gab es nur zwei Zimmer. Der Raum, in den sie traten, war groß und quadratisch, mit einem Boden aus Ziegelsteinen, die in einem sanften toskanischen Rot verblasst waren, und Wänden aus weichem braunem Putz. An der Nordseite wurde ein gemauerter Kamin errichtet; Die

Einrichtung umfasste zwei Sessel, einen runden Sheraton-Tisch und einen Porzellanschrank , eine hohe Holzuhr und vier Flickenteppiche in Rot und Weiß. In einer Ecke, bescheiden zurückgezogen, stand ein schlichter Tisch aus Fichtenholz, auf dem ein Ölkochherd stand, mit einer Miene anständiger Demut und vor Beobachtung zurückschreckend. Die offene Tür dahinter gab den Blick auf ein Schlafgemach frei, das ebenfalls mit Lumpen ausgelegt war und in edler Kargheit eingerichtet war , in dem sich jedoch ein Bett mit vier Pfosten aus geschnitzter und von der Zeit nachgedunkelter Esche befand. Elsie warf einen langen, umfassenden Blick zu und betrachtete dann ihren Mann mit großen Augen.

„Anthony, *wo* hast du sie gekauft? Und was hast du dafür bezahlt?"

Niemand in seiner Erinnerung hatte Adriance jemals bei seinem ungekürzten Namen genannt. Es kam zu ihm als Teil dieses neuen Lebens, in dem er ein erwachsener Mann und Meister war. Und er begrüßte die offene Kameradschaft, mit der sie es tat, ohne eine sentimentale Anspielung auf Schüchternheit.

„An einem kleinen Ort mit einem Schild ‚Antiquitäten'", gestand er. „Ich war mit dem Auto daran vorbeigekommen. Ich dachte, sie könnten genauso gut funktionieren wie neue Dinge, da wir sparen müssen. Ich habe noch nie Möbel gekauft; wenn sie nicht funktionieren –"

"Sie sind perfekt." Die Freude in ihren Augen wurde noch größer. „Aber Sie lassen sich besser von mir helfen, wenn wir das nächste Mal günstig einkaufen. Sollten wir nicht zuerst ein Feuer machen, um die Kälte zu vertreiben? Oh, und gibt es etwas zu essen?"

„Im Schrank da drüben; alles, was dem Lebensmittelhändler einfällt", sagte er kleinlaut. „Ich werde mir alles holen, was du sonst noch sagst. Aber zuerst renne ich zum Tor und bringe unsere Koffer herein."

„Tu es", stimmte sie zu. „Ich möchte eine Schürze. Weißt du, du hast mich nie gefragt, ob ich kochen könnte."

"Kannst du?"

„Warten Sie ab. Welche Frau dachte an den Ölofen?"

„Die Frau des Antiquars. Sie meinte, der Kamin würde mehr stören als nützen und schlug vor, ihn mit Papier auszustopfen, um die Zugluft draußen zu halten."

„Nun, wir werden es mit Feuer stopfen", erklärte sie.

Sie machten das Feuer; oder besser gesagt, Adriance hat es gebaut, unterstützt durch den taktvollen Rat des Mädchens. Als die Flammen loderten und sprangen, schickte sie ihn zum nächsten Laden, wo man

Lampen kaufen konnte, da die unbedeutende Frage des Lichts übersehen worden war.

Als er aus dem Dorf zurückeilte, wurde ihm klar, dass er dringend Licht brauchte. Hier am Rande der Hügel brach schon früh die Dämmerung an. Anthony Adriance stieg die steile Straße hinauf und blickte über den violett gefärbten Fluss auf die Lichterkette, die die Straße markierte, in der Tony Adriance gelebt und untätig gelebt hatte. Er wusste bereits, dass er entfernt und verändert war; er war daran interessiert, mit dieser Sache weiterzumachen. Natürlich musste er weitermachen, er hatte eine Barriere errichtet, die den Rückzug blockierte; er hatte sich eine Frau genommen.

Er öffnete die braune Tür des schäbigen kleinen Häuschens und blieb stehen.

Das Feuer im Kamin hatte eine warme, rosige Atmosphäre erreicht, erfüllte den Raum mit seinem Schein und erzeugte samtene Schatten, die den schlichten Ort mit einem luftigen Brokat aus wechselnden Mustern überzogen. In der Mitte des Raumes stand der runde Tisch, weiß und farbenfroh gekleidet mit den blau-weißen Wedgewood-Artikeln des Antiquitätenladens. Der Duft von Kaffee und gutem Essen wehte in der warmen Luft. Das Feuer knisterte von Zeit zu Zeit, als wäre es ein fröhlicher Überfluss an Spirituosen, und ein Teekessel brodelte mit der wilden Begeisterung aller echten Teekessel. Es war das Zimmer seiner Fantasie, das unerreichbare Zuhause, das Elsie sich an dem ersten Abend ausgemalt hatte, als er aus krankem Herzen zu ihr gesprochen hatte.

Elsie selbst stand neben dem Kamin. Elsie? Er hatte sie noch nie so gesehen. Andererseits hatte er sie kaum gesehen, außer in der strengen schwarzen Uniform einer Krankenschwester.

Sie hatte jetzt lediglich ihre Jacke ausgezogen, obwohl er das nicht bemerkte. Ihre weiche weiße Bluse rollte von einem runden, vollen Hals weg, rein in der Farbe und glatt wie Creme. Sie war keine schlanke Sylphenschönheit, sondern ein vollbusiges, junges Mädchen mit jener üppigen Fülle an Kurven und Konturen, die einst Künstler liebten, die die Mode heute aber missbilligt. Auch ihr Mund verzog sich zu großzügiger, weiblicher Sanftheit; weder eine dünne Linie noch eine runde Rosenknospe. Ihr dunkles Haar kräuselte sich von selbst um ihre Stirn und glänzte im Feuerschein.

Sein Auftritt überraschte sie. Er überraschte sich selbst in ihren Augen, bevor sie ihre Gefühle hinter Fröhlichkeit verbarg. Und er sah ein wehmütiges, verängstigtes Mädchen, dessen zitternde Erregung seiner eigenen entsprach.

Das Verriegeln der Tür hinter ihm beendete den kurzen Moment der Offenbarung. Sofort wandte sie ihm das Gesicht des herzlichen Kameraden zu, den er kannte.

„Das Abendessen ist serviert", verkündete sie fröhlich. „Zumindest wartet
es im Ofen. Wir haben heiße Kekse, Rührei, eine achtundfünfzigste Sorte
gebackener Bohnen und Erdbeermarmelade. Es gibt kein Fleisch, weil Sie
nur in einem Lebensmittelgeschäft eingekauft haben, Sir. Wirklich." Magst
du Austern in Dosen, Anthony?"

„Ich habe noch nie eines probiert", antwortete er langsam und stellte die
mitgebrachten Päckchen ab, ohne den Blick von ihr abzuwenden.

„Na ja, du hast sechs Dosen davon gekauft", sie zuckte mit den Schultern.

Diesmal machte er keinen Anstalten zu antworten und ging durch den Raum
auf sie zu. Er erinnerte sich, dass sie eine Braut war, die ihn durch ihr
Geständnis liebte, und dass er ihr nichts gegeben hatte außer dem goldenen
Ring, den die Sitte verlangte; keine Liebkosung, nicht einmal eine Blume, um
von Zärtlichkeit und Beruhigung zu sprechen. Er war erstaunt über sich
selbst und entsetzt über den Grad seiner egoistischen Versunkenheit. Den
ganzen Tag über hatte sie ihm ihr Verständnis, ihre herzliche Kameradschaft,
ihr liebenswürdiges Taktgefühl und ihre ermutigende Fröhlichkeit geschenkt,
ohne etwas zu verlangen – und er hatte es angenommen. Oh ja, er hatte
genommen!

Beunruhigt über sein Schweigen, während ihre Farbe in einem lebhaften
Schwung zunahm, versuchte das Mädchen, sich von seiner Annäherung
abzuwenden.

„Wir müssen eine kleine Katze haben", sagte sie zur Ablenkung. „Ich hoffe,
du magst Kätzchen? Schnurren sollte zu knisternden Baumstämmen passen.
Kein Angora oder Perser, nur eine Muschi."

Ihre Stimme verstummte. Ganz ruhig und bestimmt hatte Adriance sie in
seine Arme genommen.

„Ich habe einen schlechten Anfang gemacht", gab er ernst zu. „Ich lerne, wie
viel ich lernen muss. Und ich verdiene mein Glück nicht, dass du mich lehren
kannst."

Sie ruhte ruhig in seinen Armen, als würde sie sein Recht einräumen, aber sie
sah ihn nicht an. Er fand, dass sie sehr geschmeidig und weich zu halten sei.
Von ihr strömte ein frischer, schwacher Duft aus, der dem reinen Duft frisch
gepflückter Narzissen ähnelte, aber kein Parfüm, das er erkannte. Sie war
auch in kleinen Dingen individuell. Er fragte sich, was sie dachte. Das
ungleichmäßige Heben und Senken ihrer Brust stimmte merkwürdig mit dem
Pulsschlag seines Herzens überein, als sie sich dorthin lehnte, und diese
Tatsache berührte ihn unverhältnismäßig. Er wollte nicht, dass sie sich
bewegte; Wärme und Zufriedenheit strömten in ihn hinein. Zufrieden und

doch – Plötzlich wusste er; ein Mann, der nach langem Herumtasten mit einem Lichtstrahl konfrontiert wird.

„Elsie!" „" schrie er, und seine Stimme hallte durch den Raum, in der sein großes Erstaunen zum Ausdruck kam. „Elsie! Elsie!"

Dann sah sie ihn an, legte ihre beiden kleinen Hände auf seine Brust und zwang sich, sich gegen seinen Arm zu drücken, um sein Gesicht lesen zu können. Aber er wollte es nicht so lassen und sie dazu zwingen, sich dem Wunder zu unterwerfen, das ihn beherrscht hatte. Was sich die Kirche vorgenommen hatte, wurde nun getan. Anthony Adriance hatte eine Frau genommen.

„Ich liebe dich", wiederholte er, immer noch unartikuliert vor Staunen, seine Lippen an ihrer Wange. „Warum hast du es mir nicht gesagt? Ich liebe dich."

Er vergaß nie, dass sie ihm großzügig begegnete, ohne ihn an seine Verspätung zu erinnern. Sie nahm seine Kapitulation hin und setzte selbst keinen Preis fest. Ihre Lippen waren frisch wie eine Tasse, die seinem Durst nach guten und einfachen Dingen gereicht wurde; Er dachte, ihr Kuss sei für die Berührung das, was ihre Augen für den Blick seien, und versuchte ungeschickt, ihr das zu sagen.

Als sie sich endlich an das verspätete Abendessen erinnerten, musste dieses Essen repariert werden. Und weil Adriance nun die Weite des Raums zwischen ihm und seiner Frau nicht ertragen wollte, bestand er darauf, ihr dabei zu helfen, wodurch die Sache noch weiter hinausgezögert wurde. Die Uhr in der Ecke hatte neun Uhr geschlagen, als sie sich im Licht der neuen Lampe an den Tisch setzten. Sie hatte einen Granatschirm, diese Lampe, für die ihre Käuferin die Komplimente von Frau Adriance erhielt .

Sie hielt einen spontanen Vortrag zu diesem Thema, während das Licht in vollem Glanz erstrahlte und sie, die dahinter saß, beleuchtete.

„Rot, Herr, ist die Farbe des Lebens. Es war die Farbe der sagenumwobenen Rose der Alchemisten, nach der sie in ihren mystischen Kesseln suchten, denn wenn sich das rötliche Bild auf der Oberfläche des Gebräus bildete, war die sprudelnde Flüssigkeit tatsächlich das wahre Elixier von." Jugend und Unsterblichkeit. Rot ist die Farbe der Morgendämmerung, des Sonnenuntergangs, eines Kaminfeuers; von hellem Blut, das prächtig für einen guten Zweck gegossen oder zart im Rouge eines Mädchens gesehen wird. Rot sind die Roben eines Kardinals, das Kleid einer chinesischen Braut, das einer spanischen Braut Blumen. Zur Zeit Königin Elisabeths glaubte man, dass die Aufbewahrung in einer rot drapierten Kammer die Schönheit der Pocken heilen würde, ohne Narben zu hinterlassen. Und schließlich ist Rot die Farbe des Herzens."

„„Herr, halte das Blut unseres Herzens rot"", umschrieb Adriance nüchtern. „Ich bin nicht so schlau wie du, aber ich weiß, dass Rot die Farbe deiner eigenen Juwelen ist."

"Meins?"

Er fing ihre Hände auf der anderen Seite des Tisches auf.

„Hast du vergessen, welche Steine mit dem Wert einer guten Frau verglichen wurden? Elsie, Elsie, wenn ich kann, werde ich dir geben – nicht Diamanten oder Perlen, sondern Rubine. Rubine, für heute Abend."

Keiner der beiden neigte zu anhaltender Sentimentalität in der Sprache. Aber das tiefe Glück, das strahlende Staunen, das sie noch immer faszinierte, fand seinen Ausdruck in den Plänen für diese neue Zukunft; bloße Vorschläge für den Komfort des Hauses oder das Vergnügen ihrer gemeinsamen Freizeit. Sie erwähnte ein viel diskutiertes Buch und er versprach, es ihr vorzulesen.

„Ich wollte schon immer vorlesen, aber ich habe nie jemanden gefunden, der zuhörte", erzählte er ihr bei Erdbeermarmelade und Kaffee. „Du kannst nicht entkommen, also –! Du kannst sticken und zuhören."

"Sticken!" Sie überhäufte dieses Wort mit Verachtung. „Lassen Sie mich Ihnen mitteilen, Sir, dass es Geschirrtücher zum Saum und Servietten geben wird. Wussten Sie, dass wir nur eine Tischdecke haben, und die hat einen schrecklichen Rand mit Fransen? Blaue Fransen? Und es gibt keine Vorhänge an der Fenster. Sticken? Ich werde *nähen* und zuhören."

„Na ja, solange du zuhörst!" Er zündete sich eine Zigarre an und lehnte sich luxuriös zurück. „Was für kleine Hände du hast!"

Sie breitete sie auf dem Tisch aus und dachte ernsthaft darüber nach.

„Die meisten Südstaatler haben das. Haben Sie es nie bemerkt, nicht einmal bei den Männern? Unten in Louisiana haben die meisten von uns etwas französisches oder spanisches Blut. Aber meine Hände waren keine Nichtstun-Hände, und ich denke, das sieht man ein wenig ."

Er stoppte sie mit einer plötzlichen unangenehmen Erinnerung an bestimmte wachsweiße, wachsglatte und nutzlose Hände, die beinahe sein Leben ergriffen hätten.

„Ich hoffe, dass meins bald etwas zeigt. Morgen werde ich versuchen, Lohnarbeiter zu werden, und einen Lohnumschlag beginnen, um Ihnen zu bringen."

"So früh?"

„Sofort. Gehöre ich zu den müßigen Reichen? Tatsache ist, dass unser Lebensmittelhändler mir erzählt hat, dass in einer bestimmten Fabrik am

Fuße des Hügels dringend Chauffeure benötigt werden. Ich denke, ich sollte lieber einen Lastwagen fahren, als einen Privatwagen zu steuern. Öffne Türen und berühre meine Mütze.

Sie nickte zustimmend.

„Ja, natürlich. Welche Fabrik ist das, Anthony?"

Er betrachtete sie mit skurrilem Humor.

„Nun, um genau zu sein, es ist keine uns unbekannte Fabrik. Es ist eine, deren Schild Sie oft von der aristokratischen Seite des Hudson aus gesehen haben, und sie ist Eigentum von Mr. Anthony Adriance , senior."

"Oh!" erschrocken. „Ist, ist das – sicher?"

"Warum nicht?" er fragte sich. „Wir haben keine Gesetze gebrochen, oder? Das Schlimmste, was er tun könnte, wenn er etwas Melodramatisches tun wollte, wäre, mich zu feuern. Aber er wird es nicht tun. Erstens, warum sollte er? Zweitens: Er weiß ein bisschen mehr über die Ureinwohner Patagoniens als über die Männer, die seine Lastwagen fahren. Ich glaube nicht, dass er seit zehn Jahren in dieser Fabrik ist. New York ist sein Ende. Und ich gebe ihm Recht Deal; er wird eine sehr wertvolle Chauffeurin haben, Mrs. Adriance – eine, die bei Bedarf eine Rennmaschine fahren kann!"

Sie enthüllte zwei Grübchen, die er zuvor nicht bemerkt hatte. Doch ihr Blick verbarg sich vor seiner Herausforderung und sie erhob sich hastig, um das Geschirr abzuräumen.

„Lasst sie stehen", befahl er wie ein Mann.

Dort blieb sie jedoch standhaft in ihrer Rebellion. Schließlich einigten sie sich darauf, dass er ihr helfen würde.

„Wir müssen auch einen Hund haben", entschied er, als alles wieder in Ordnung war. Mit besitzergreifender Miene blickte er sich im feuerhellen Raum um. „Einer, der Ihr Kätzchen nicht frisst."

„Mit einem netten Wachhundgebell?"

„Mit allem, was du willst!" Er drehte sich abrupt um und zog sie an sich. „Elsie, angenommen, ich hätte dich vermisst? Was für ein armer Idiot ich doch gewesen bin! Letzte Nacht – Warum nimmst du es mir nicht ab? Warum lässt du mich nicht bezahlen, wie ich es verdiene?"

Sie lächelte mit der zart spöttischen Nachsicht, die er zu kennen und zu erwarten lernte; es saß mit so uriger Weisheit auf ihrer Jugend.

„Vielleicht bin ich es, oder werde es tun."

„Ich glaube jetzt, dass ich dich vom ersten Tag an geliebt habe. Ich weiß, dass ich ständig an dich gedacht und alles aus der Perspektive betrachtet habe, die ich mir vorgestellt hatte. Du“, – mit plötzlicher Angst – „du bereust es nicht, mit mir gekommen zu sein.“ , Elsie? Woran hast du gerade gedacht, als sich deine Augen verdunkelten? Du sahst –“

„Von Holly“, antwortete sie schlicht. „Ich hoffe, dass seine neue Krankenschwester mit ihm spielt und ihn knuddelt.“

"Das Baby?" Ihre Treue erfüllte ihn mit einem warmen Gefühl der Verheißung für seine eigene Zukunft. „Ja, ich habe dich von ihm genommen. Aber wir haben ihn als seinen Vater zurückgelassen.“

Die Anspielung brachte einen Zwang mit sich. Als Adriance die Worte sprach, errötete er wie eine Frau und wandte seinen beschämten Blick von dem Mädchen ab.

„Du hast mich nicht von Holly weggenommen“, korrigierte Elsie hastig. „Mrs. Masterson hat mich vorgestern Abend entlassen. Ich sollte sowieso heute gehen.“

„Du? Warum?“

Sie zögerte.

„Sie kam an die Tür des Kinderzimmers, während Sie mit mir darüber sprachen, Holly die Geschichte von Maît 'Raoul Galvez zu erzählen. Wissen Sie, Holly ist zu sehr ein Baby, um Geschichten zu hören, also hat sie verstanden, dass Sie andere Dinge meinten. Und es scheint dass du einmal mit ihr über diese Geschichte gesprochen hast. Sie hat Verbindungen hergestellt. Sie hat mich beschuldigt, mit ihren Gästen geflirtet zu haben und eine unangemessene Person zu sein.

„Elsie!“

„Es ist alles vorbei. Jetzt ist es egal. Aber dadurch wusste ich, dass sie dich nicht weggeschickt hat. Natürlich sagte sie nichts, um es mir zu sagen; sie ist zu klug. Aber du siehst, ich wusste schon so viel; und als ich sah, dass sie sogar darauf eifersüchtig war, dass du mit mir gesprochen hast –!“

Das Schweigen hielt lange an. Beide dachten an Lucille Masterson. Als hätte sie Angst vor den Gedanken des Mannes, schreckte Elsie vor der Umarmung ihres Mannes zurück, ohne dass er die Bewegung bemerkte. Ihre klaren Augen trübten sich vor Zweifel, eine schleichende Kälte löschte ihren Glanz aus.

Adriance sprach als Erste und durchbrach damit gleichzeitig die Pause und die Barriere.

„Früher müssen sie so gewesen sein – wie wir. Sie hätte Fred verlassen, ihn im Stich gelassen, für einen neuen Mann; und sie seine Frau!"

In seiner Stimme lag Abscheu und Verachtung. Er drückte seine eigene Frau fest an seine Seite. Doch Elsie löste ihre Arme aus dem Griff, der sie gefesselt hatte, und legte sie in ihrer ersten angebotenen Liebkosung impulsiv um seinen Hals.

Das hast du gedacht ?" „, schrie sie und war überaus froh über ihren Triumph. „Anthony, hast du das gedacht?"

Er neigte seinen Kopf, um ihrem Blick zu begegnen; Sie standen zusammen und blickten einander in die Augen.

KAPITEL VIII

ANDY VON DEN MOTOR-TRUCKS.

Der Mann hinter der Pforte beugte sich vor, um den Mann draußen zu betrachten. Der Torwächter am Haupteingang von Adriance war die Beute einer doppelten Eitelkeit, die seine Aufmerksamkeit wachhielt: Er war eitel auf seine eigene Stellung und auf seine Fähigkeit, die Stellung anderer Männer einzuschätzen. Dies war sein siebzehntes Jahr im Käfig der Zierschmiedekunst, und er hatte sein Hobby gleich an seinem ersten Tag dort mitgebracht. Heutzutage gefielen ihm schwierige Themen, die eine beiläufige Betrachtung verblüffte.

Mit gelangweilter Gewissheit erkannte er daher den Besucher dieses Morgens auf einen Blick und ließ sich wieder auf seinem hohen Hocker nieder.

„Bürotür rechts, Sir", wies er ihn kurz, aber respektvoll an. „Junge, wir nehmen Ihre Karte entgegen, Sir."

„Ich verstehe, dass hier Chauffeure gesucht werden", sagte der Besucher, während sein gefasster Blick auf einem entsprechenden Plakat an der nächstgelegenen Wand ruhte.

Der Torwächter starrte.

"Ich denke schon--?"

„Ist das Büro der Ort, an dem ich mich für eine solche Stelle bewerben sollte?"

„Speditionsabteilung, biegen Sie links in den Keller ab, Mr. Ransome", versicherte der verärgerte Concierge, der in seinem Selbstwertgefühl schwer verletzt war. Ein so offensichtlicher Fehler hatte seinen Stolz seit Jahren nicht mehr verletzt. Er drehte sich auf seinem Sitz um und reckte seinen dünnen Hals, um zu beobachten, wie der Fremde munter in die angezeigte Richtung davonschwenkte.

"Chauffeur!" er murmelte. „Läuft, als ob Adriances Privatgarage wäre und er sich um die Ecke eine bessere bauen würde! Ich hoffe, Ransome wirft ihn raus!"

Aber Ransome von den Lastwagen brauchte dringend Männer und war zu mehr Toleranz bereit. Außerdem hatte seine sensible Eitelkeit an diesem Morgen keinen Schaden genommen. Dennoch schaute er sich den Bewerber ziemlich genau an.

„ Sie sind es gewohnt, Privatwagen zu chauffieren , nicht wahr?“ fragte er scharfsinnig.

„Ja“, gab Adriance zu .

„Das dachte ich mir! Wo war dein letzter Platz?“

„Ich bin für Herrn Adriance Junior gefahren“, lautete die ernste Antwort.

Der Mann pfiff.

„Das hast du, was? Warum hat er dich gefeuert?“

„Er verließ New York für den Winter, ohne seine Maschinen mitzunehmen.“

„Hat er Ihnen eine Referenz gegeben?“

„Ich kann morgen eins mitbringen, oder ich kann es jetzt holen, wenn Sie möchten, dass ich sofort mit der Arbeit beginne. Ich habe es nicht dabei.“

"Warum nicht?"

„Ich habe vergessen, dass es nötig wäre.“

Das war ungewöhnlich und löste eine Pause aus. Ransome musterte seinen Mann und es gefiel ihm, was er sah.

"Verheiratet?" Er stellte die nächste Routinefrage.

"Ja."

„Steht in den Polizeiakten etwas gegen Sie? Unfälle? Geschwindigkeitsüberschreitung ?“

"Nichts."

„Ich sehe, dass du nicht trinkst. Kennst du Jersey?“

„Nicht so gut wie New York, aber gut genug, um den Rest nach und nach zu lernen.“

„Nun, es ist unregelmäßig, aber wir sind unterbesetzt. Geben Sie mir Ihre Lizenznummer, damit ich das überprüfen kann. Bringen Sie morgen Ihr Zeugnis mit, und wenn alles in Ordnung ist, nehme ich Sie heute mit. vor Gericht. Warte, ich gebe dir deine Karte.“

Die Inquisition war sicher vorbei. Adriance lächelte vor sich hin, als er zusah, wie der Superintendent die Karte ausfüllte, die ihm widerwillig erlaubte, seinen ersten Lohn zu verdienen. Er war betrunken, fast verwirrt über seine eigene Unbeschwertheit. Sein Körper war immer noch müde und angeschlagen von dem elenden Konflikt, aus dem sein Geist sich federnd aufgerichtet hatte, um jubelnd im Sonnenlicht zu stehen. Heute hätte er hundert Unglücksfälle überwinden können, wo ihn gestern eine unter Druck gesetzt hatte.

"Name?" kam die klare Forderung des schreibenden Mannes.

„Anthony Adriance .“

"Was!" Der Kopf des Kommissars hob sich abrupt. „Warum – welche Verbindung –?“

„Armer Verwandter“, stufte Adriance kühl ein. Er hatte damit gerechnet, aber er hätte das heimliche Unbehagen und die Gefahr eines falschen Namens nicht ertragen können. „Alle reichen Männer haben sie, nehme ich an.“

Seine Gleichgültigkeit wurde hervorragend umgesetzt. Der Superintendent nickte zustimmend.

„Das vermute ich schon; es muss aber seltsam gewesen sein! Wie hat dich der junge Adriance genannt? Wusste er es?“

„Oh ja. ‚Andy‘ ist ein unverbindlicher Spitzname.“

„In Ordnung, hier ist deine Karte.“

Herr Ransome sah zu, wie der neue Angestellte über den Raum ging, mit einer meditativen Überlegung über die Nutzlosigkeit des Schattens des Purpurs ohne seine angenehme Substanz; aber er war nach dem ersten Moment nicht besonders überrascht. Nur wenige wohlhabende Männer kümmern sich um die entfernten Zweige ihrer Familie, und hoffnungsvolle Verwandte benennen häufig Babys nach ihnen.

Am anderen Ende der unterirdischen Kammer, in der Lastwagen ein- und ausfuhren, die von wettergegerbten Chauffeuren gesteuert und von schwitzenden Trägern mit schweren Paketen und Ballen beladen wurden, hatte ein kleiner Mann mit Derby-Mütze und Hemdsärmeln das Kommando. Bei ihm ging die Sache für den Fremden noch leichter vonstatten.

"Wie heißen Sie?" schrillte er mit besonders flacher Diskantstimme über den Lärm der donnernden Masse, der rollenden Räder und der keuchenden Maschinen hinweg. „Andy? Na, nimm Nummer fünfunddreißig. Mike, Mike! Wo ist das – dieser Russe? Hier, Mike, du sollst mit Nummer fünfunddreißig fahren. Bring deinen Lastwagen zum Beladen und hol dir die Wegbeschreibung von der Chef da, Andy. Melde dich, wenn du zurückkommst.

Eine riesige Gestalt schlenderte durch den elektrisch beleuchteten Raum auf Adriance zu ; Ein Paar sanfter brauner Augen blickte unter einem roten Haarschopf auf ihn herab.

„Ich schätze, du bist neu", verkündete der Russe Mike mit starkem Akzent; „Ich schätze, ich zeige es dir?"

„Das wünschte ich." Adriance nahm die herablassende Freundlichkeit herzlich an. Er fand Zeit, über die Bereitschaft seines eigenen Lächelns seit letzter Nacht zu staunen und über die Reaktion, die es bei diesen Fremden hervorrief. „Ich weiß noch nicht, wo ich fünfunddreißig finden kann oder wer der Boss ist."

„Ich weiß", verkündete Mike großartig und umfassend; „Du reitest mit mir, Andy; ich werde dich lernen."

Also begann Andy von den Trucks seine Ausbildung.

Ein LKW ist kein hochpreisiges Freizeitauto. Auch die Speditionsabteilung einer großen Fabrik ist in ihrer Höflichkeit nicht professionell. Tony Adriance lernte in atemloser Folge eine Menge Dinge. Und noch nie in seinem Leben hatte ihn irgendetwas so sehr interessiert – außer seiner frischgebackenen Frau. Die Männer waren nicht sanft, aber sie waren fröhlich. Sie riefen einander fröhlich und mit ihrem ganz eigenen Humor zu. Als Tony seinen ungewohnten Motor abstellte, ging viel ungeschliffener Witz auf seine Kosten; aber auch ein Nachbar sprang herunter, um die Maschine für ihn anzukurbeln, und ein anderer sprang auf den Sitz neben dem neuen Mann und gab ihm in einem Dutzend knapper Sätze eine Menge wertvoller Hinweise. Als er schließlich die Steigung hinauf zur Straße fuhr, stellte er fest, dass der Russe Mike offenbar eine vollständige Karte des Flussufers von Jersey City in sein ansonsten leeres Gedächtnis eingraviert hatte und sich auf den Straßen als ebenso bereitwilliger und tüchtiger Führer erwies wie in der Fabrik. Wenn die Schwierigkeiten zahlreicher waren, als der Novize erwartet hatte, und die Arbeit härter war, wurden diese Dinge durch die unerwartete Kameradschaft, die er erlebte, mehr als ausgeglichen.

Den ganzen Tag, inmitten der ständigen Dringlichkeit der Ereignisse, lag der Gedanke an seine Frau warm in seinem Herzen. Seine Liebe wurde nur durch sein tiefes Staunen über das, was ihm widerfahren war, übertroffen. Der Jubel über die gelungene Flucht lastete auf ihm; Er konnte abscheulichen Bindungen und komplizierten Problemen entfliehen, die sein von Natur aus einfacher Geist verabscheute, vor allem aber die Führung durch andere Menschen. Er und Elsie waren allein, da sie keine Entfernung um die Welt hätte schaffen können. Er war an einem Punkt in seinem Leben angelangt, an dem er kein Junge war, der regiert werden musste, sondern ein Herr mit eigenen Rechten. Ein heißer Stolz brannte in seinem Gesicht, als er die Frage des Kommissars: „Verheiratet?" mit „Ja" beantwortet hatte. Er hatte entschieden vor, wenn möglich im Haus und in der Fabrik seines ersten Abenteuers zu bleiben.

Schreibwarenhändler anzuhalten , wo er für sich selbst eine von Anthony Adriance , Junior, unterzeichnete Empfehlung schrieb . Der Trick amüsierte ihn; er war kindisch bereit, sich zu amüsieren. Als er den Lastwagen von der letzten Fahrt des Tages zurückbrachte, überreichte er Herrn Ransome diesen Brief, der ihn las und mit einem zufriedenen Nicken zurückgab.

„In Ordnung, morgen um sieben", sagte er kurz.

Ihm schmerzten alle ungewohnt arbeitenden Muskeln, als er in der Abenddämmerung nach getaner Arbeit den Hügel hinaufschritt. Aber das berührte ihn genauso wenig wie einen Jungen an seinem ersten Campingtag – es war Teil des Sports. Weil er Selbstlosigkeit lernte, machte er sich mehr Sorgen darüber, wie Elsie den Tag überstanden hatte. Die Hausarbeit in dem eher primitiven Cottage war etwas anderes als die Betreuung von Holly Masterson in seinem luxuriösen rosa-goldenen Kinderzimmer. Würde er sie entmutigt, müde – vielleicht verärgert – finden? Er lächelte kühn und voller Vertrauen in seine Fähigkeit, sie in gute Laune zu streicheln, fragte sich jedoch ziemlich unbehaglich, ob sein Lohn ein Dienstmädchen finanzieren würde, sollte Elsie bei Bedarf eines verlangen. Die praktische Aufteilung von Geld war für ihn völlig ungewohnt.

Vor den erleuchteten Fenstern des kleinen roten Hauses hingen neue Vorhänge. Als er den lächerlichen Holzsteg hinaufging, sah er ein sehr kleines Kätzchen auf der Fensterbank sitzen und sich das Gesicht waschen. Und dann hörte er eine frische, sanfte Stimme, die das drolligste kleine Lied sang, das er jemals in seiner musikalischen Erfahrung gehört hatte – eine Moll-Groteske, die so unverwechselbar war wie der Geschmack von *Bouillabaisse orléanais* . Er öffnete die Tür und seine Frau lachte ihn quer durch den hellen Raum an, gerötet von der Hitze des Feuers, zierlich in ihrem lavendelfarbenen Kleid und der weißen Rüschenschürze, festgehalten mit einer dampfenden Terrine in ihren kleinen Händen.

Vielleicht hatte sie daran gezweifelt, wie er von diesem ersten Arbeitstag nach Hause kommen würde. Für einen Moment tranken sie einander völlige Beruhigung aus den Augen; dann war Adriance auf der anderen Seite des Raumes.

„Leg es weg, sonst verschütte ich es!"

„Sir, das ist eine außergewöhnliche Suppe! Würden Sie Ihr Abendessen umwerfen?"

„Ja, dafür", sagte Adriance und küsste ihren weichen Mund.

„Anthony, kann man *zu* glücklich sein und sich dem Schicksal widersetzen?"

"NEIN."

„Wir können immer weitermachen, und nichts wird passieren!"

"Bitte Gott!" sagte Tony Adriance mit vollkommener Ehrfurcht.

„Es ist jetzt kein wunderbares Abenteuer; es ist einfach das Leben?"

„Natürlich. Ich sage – ich wünschte, der Van-Fahrer könnte mich jetzt sehen – der, von dem ich dir letzte Nacht erzählt habe."

„Der Metzger hat mir das Kätzchen gegeben, Anthony."

„ Natürlich tat er das; jeder Mann würde dir alles geben, was er hatte. Was hast du gesungen, als ich hereinkam?"

„Woher soll ich das wissen? Ich kenne tausend Fragmente von Liedern und tausend Geschichten, und sie gehen in meinen Kopf ein und aus. Unser Abendessen verdirbt, Mr. Adriance ."

"Ich liebe dich!"

"Ich mag dich nicht!" sie verspottete ihn.

Es gab niemanden in New York, der in diesen beiden Kindern, die zusammen spielten, Anthony oder Elsie Adriance so recht erkannt hätte.

„Nächsten Samstagabend möchte ich, dass du mich bitte zum Einkaufen mitnimmst", sagte sie zu ihm, als sie beim Abendessen saßen.

„Verzaubert; aber warum Samstag?"

„Weil du dann natürlich deinen Lohn bekommst. Wir brauchen mehr Geschirr und einen Auflauf und ein Band für das Kätzchen und – Tausende von Dingen."

„Soll ich genug Reichtum haben?"

„Viel; wir gehen zum 5-10-20-Cent-Laden."

„Ich dachte, das wären die Preise für Melodram auf der East Side."

„Warten Sie. Vielleicht finden Sie das Ereignis sogar tragisch, wenn ich zu viele verführerische Artikel möchte", warnte sie ihn. „Aber lass uns nicht über bloße Dinge reden – erzählst du mir nicht von deinem Tag?"

„Das bin ich. Aber es war ein Tag wie jeder andere Arbeitertag, nehme ich an; nichts ist passiert."

„Wolltest du, dass etwas passiert? Ich habe mir vorgestellt –"

„Alles was ich will", sagte Tony Adriance inbrünstig, „ist mit dir allein zu sein."

KAPITEL IX

DAS GLÜCK IM HAUS.

Es ist nichts passiert. Keines der traditionell üblichen Erlebnisse erlebte die beiden in dem kleinen roten Haus, als der November zu Ende ging und der Dezember wie ein lüsterner Wikinger aus den nördlichen Meeren hereinstürmte, begleitet von gewaltigen Winden und frühem Schnee.

Erstens entging die Hochzeit von Anthony Adriance , Junior, irgendwie den Sensationsjournalen als erfreuliches Thema. Es gab keine Schlagzeilen mit der Ankündigung: „Sohn eines Millionärs heiratet ein Kindermädchen." Kein Reporter entdeckte das Haus an den Palisades, um seine winzige gotische Fassade für Sonntagsspezialitäten zu fotografieren. Adriance hatte seinem Vater einen Brief geschrieben, in dem er, soweit man das erklären konnte, eine Erklärung abgab. Das war am Morgen seiner Hochzeit, und da er keine Adresse angegeben hatte, hatte er natürlich keine Antwort erhalten. Es gab keine Vorwürfe und keine Verfolgung.

Tony Adriance wurde auch nicht von eitlem Bedauern heimgesucht. Nach jeder Regel der Romantik und Vernunft hätte er zumindest kurze Phasen der Trauer ertragen müssen; Zumindest wurden sie von Erinnerungen an Dinge gequält, auf die verzichtet wurde und die dennoch ersehnt waren. Aber er spürte nichts dergleichen. Männliche Unabhängigkeit wurde in ihm geweckt und regierte in ausgelassener, guter Stimmung. Mit der triumphalen Tapferkeit eines Jungen meisterte er die harte und harte Arbeit und freute sich über den Sieg. Er stand früh auf und machte Elsies Feuer, bevor er ihr erlaubte, aufzustehen, während sie protestierend im Himmelbett saß, während er sie schikanierte, liebte und beherrschte. Er ging morgens und abends zwei Meilen von und zur Arbeit und fuhr acht Stunden am Tag mit seinem großen Lastwagen. Darüber hinaus gewann er durch das Regime an Gewicht und den federnden Schritt eines Mannes in der Ausbildung. Er hatte es nie geahnt, aber sein ganzer Körper hatte sich danach gesehnt, draußen zu sein und seine Kräfte einzusetzen; Die Natur hatte ihn für die Arbeit geschaffen, nicht für den Müßiggang. Die Atmosphäre, in der er aufgewachsen war, war ihm durch einen Trick seines Temperaments fremd.

„Ich bin einfach vulgär", lachte er seiner Frau eines Morgens zu, als er mit der Arbeit begann. „Ich würde lieber einen der Lastwagen meines Vaters fahren und zu euren Schweinekoteletts nach Hause kommen, als in seinem Haus herumzutrödeln und mit einem starken Mann zu speisen, der hinter meinem Stuhl steht, um mir die Mühe zu ersparen, Zucker in meinen eigenen Kaffee zu geben." Wirst du heute Abend ein paar dieser lustigen kleinen Apfelküchlein mit Butter und Zimt zum Abendessen essen?"

Sie machte ihm ein verlockendes Gesicht. Es war zwei Tage vor Weihnachten und so kalt, dass ihre Lippen und Wangen mohnrot glänzten, als sie in der Tür stand.

„Natürlich nicht; jetzt weiß ich, dass du sie willst. Wir werden Aufschnitt essen. Was wirst du mir für meinen Strumpf geben, Anthony?"

„Eine Wurstgabel", entgegnete er prompt. „Woher wusstest du, dass ich dir etwas geben wollte?"

„Das habe ich nicht", sagte sie ruhig. „Aber ich werde dir etwas geben, also dachte ich, es wäre nur nett, dich daran zu erinnern."

Er schwang sich mühelos über das Geländer und umarmte sie mit einer Umarmung, die durch sein struppiges Fell an einen Bären erinnerte.

„Die unvergleichliche Braut des Chauffeurs soll nicht weinen", beruhigte er sie. „Seit zehn Tagen wird ihr Rubinstampfen von ihrem hingebungsvollen Ehemann bestellt. Lassen Sie jetzt Ihren Romeo abreisen, sonst wird sein Gehalt am nächsten Samstag gekürzt."

Sie blieb einen Moment in seinen Armen, ihr glänzendes dunkles Haar drückte sich gegen die raue Dunkelheit seines billigen Pelzmantels.

„Anthony, fällt ihnen da unten nie dein Name auf? Haben sie nie danach gefragt?"

„Sicherlich! Am ersten Tag, als ich dort war, fragte der Superintendent, ob ich mit Mr. Adriance verwandt sei Dort."

"Andy!" Sie schrieb experimentelle Essays. „Andy! Es läuft ziemlich gut."

Sie lachten zusammen, dann schob er sie sanft zur Tür.

„Gehen Sie hinein", befahl er mit seiner gebieterischen Art; die Art und Weise, wie Elsie es ihm beigebracht hatte. „Du wirst hier draußen eine königliche Erkältung bekommen, und was soll ich dann für meine Mahlzeiten tun? Ich muss essen, wenn ich Wehen habe; außerdem mag ich mein Essen. Wie hast du die Kuchen genannt, die wir heute Morgen hatten?"

„ *Belle cala, tout chaud !* "", intonierte sie den sanften Straßenruf der Frühstücksstunden im alten New Orleans, wobei ihre Stimme den urigen, verlockenden Tonfall jener dunkelhäutigen Verkäufer aufnahm, die einst mit duftenden Körben beladen auf ihren sonnigen Runden herumlungerten. „ Eines Tages werde ich Ihnen zeigen, was ich eine Stadt nenne, Herr; wenn Sie mich mitnehmen würden?"

„Ich bringe dich überall hin, aber bis zur nächsten Ecke lasse ich dich nicht gehen. Jetzt geh rein und auf Wiedersehen."

Sie gehorchte ihm so weit, dass sie sich in die warme Tür zurückzog. Dort blieb sie geschützt und sah zu, wie er am grauen Wintermorgen den Hügel hinunterschwang. Es war fast sieben Uhr, aber die Sonne hatte die Atmosphäre noch nicht erwärmt oder vergoldet. Trostlosigkeit herrschte, außer in den Herzen des Mannes und der Frau.

Sie waren seit zwei Monaten verheiratet. Elsie Adriance schloss langsam die Tür und wandte sich dem nicht abgeräumten Frühstückstisch zu. Doch bald darauf ließ sie das Geschirr stehen, das sie gerade zusammengestellt hatte, und ging zu einem der hinteren Fenster. Dort beugte sie sich vor und blickte dorthin, wohin Anthony nie blickte: auf die grau-weiße Pracht New Yorks, auf der anderen Seite des mit Eis bedeckten Flusses. Sie betrachtete die Stadt, nicht mit Trotz oder Herausforderung, sondern mit dem ernsten Blick eines Menschen, der seinen Feind abwägt.

Zwei Monate und der Sieg war immer noch bei ihr! Doch eines Tages würde New York sicherlich anrufen, warnte sie sich. Das konnte sie nie ganz vergessen. Sie selbst war einer Stadt nicht unähnlich, die sich auf die Verteidigung vorbereitete und fieberhaft nach jedem Stein griff, um ihre Stadtmauern zu bauen. Wie beneidete sie Lucille Masterson um ihre Schönheit, den älteren Adriance um seinen Reichtum, da diese Besitztümer Anthony vielleicht enger an sie gebunden hätten! Sie erinnerte sich an Mrs. Mastersons exquisite Kostüme, die wie Blumen gefärbt waren und sich ebenso herrlich anfühlten; die kostbaren Parfüme, die all ihren Besitztümern einen angenehmen Duft verlieh; die einstudierte Koketterie, die sie wie Kleopatra aussehen ließ, niemals gewohnheitsmäßig oder altbacken. Um all dem etwas entgegenzusetzen, blieb der Frau des Antonius nur ihr Herd. Denn sie würde ihren Mann niemals gegen seinen Willen behalten; Elsie Adriance würde niemals das, was sie geschenkt hatte, als Recht beanspruchen.

Das Kätzchen, ein schwarz-weißer Zwerg, der an eine Coles-Phillips-Zeichnung erinnerte, rieb beharrlich den Fuß des Mädchens. Sie hob das lebende Spielzeug auf und kuschelte seine pelzige Wärme unter ihr Kinn, während sie sich auf der Suche nach Milch umdrehte. Mit entschlossenem Willen verdrängte sie alle Vorahnungen aus ihrem Kopf. Es war zu früh, über diese Dinge nachzudenken; Anthony liebte sie, Anthony war zufrieden.

Sie hatte keine Vorstellung davon, wie sehr Anthony sich darüber freute, von lästigen Gedanken und Komplikationen befreit zu sein, oder wie dankbar der Luxus des Friedens ihn umfing und den bloßen physischen Luxus des Müßiggangs und der verschwenderischen Ausgaben in den Schatten stellte. Als Frau schätzte sie auch seinen Stolz auf die Besitztümer, die er mit eigener Arbeit erworben hatte, nicht ausreichend ein. Tony Adriance hatte den Tischservice im Haus seines Vaters nie bemerkt; Es war bekannt, dass er ein ganzes Tablett mit durchscheinenden Kaffeetassen mit feiner Spitzensilberarbeit umgeworfen hatte, ohne einen zweiten Blick auf die Zerstörung zu werfen. Aber er kannte jedes einzelne der billigen, schweren Gerichte, die er und Elsie bei ihren Einkaufsorgien am Samstagabend in einem Fünf-Zehn-Cent-Laden zu ihrer Ausrüstung hinzugefügt hatten. Kannte und bewunderte sie! Als Elsie aus ihrer „Küchenecke" anrief; „Bring mir die Niagara-Platte, Schatz", er konnte diese Keramikgräueltat auf einen Blick erkennen. Und als er den Whistler-Brotteller fallen ließ – er hatte in der Mitte einen nächtlichen, schwarz umrandeten Landschaftseffekt –, war er wirklich betrübt. Tatsächlich war er es, der ihr Porzellan auswählte , da Elsies Geschmack zu einer Einfachheit neigte, die er als eintönig ablehnte. Das Vergnügen des Einkaufens hatte er erst erkannt, als er mit seiner Frau einkaufen ging, mit ihr eine Auswahl traf, sie überstimmte oder ihr irgendeine Fantasie gönnte, dann seinen neu erhaltenen Lohn herausnahm und großartig auszahlte.

Er hätte Elsie seine Gefühle nicht erklären können. Aber seine aufrichtige Freude an diesen Expeditionen kam ihr in den Sinn, als sie die Milch des Kätzchens in eine mit blauen Vergissmeinnicht emaillierte Untertasse goss. Sie hob den Kopf und warf erneut einen Blick auf die ferne Stadt. aber dieses Mal lächelte sie mit gewissem Triumph. Er war ihr Ehemann; Besser noch, er war ebenso eifrig ihr Spielkamerad wie jeder einsame Junge, der zuerst einen Kumpel findet. Sie wusste, dass Lucille Masterson nicht über die Kunst der Kameradschaft verfügte; Es war eine zu selbstlose Kunst.

„Wenn er es satt hat, einfach so zu spielen", wandte sie sich halb unbewusst an das Kätzchen, „werden wir etwas anderes finden. Es wird immer etwas geben, an das wir gemeinsam denken können. Es wird kommen, wenn es gebraucht wird. Vielleicht." ——"

Als sie verhaftet wurde, versagte ihr der Atem und die Sprache. Es war, als ob ihre eigenen Worte eine Tür aufgestoßen hätten, vor der sie ins Stocken geriet, ihre Augen von der Sonne geblendet und doch einen weiten Horizont erblickten.

Beruhigt durch ihre stille Nachbarschaft leckte das Kätzchen seine Milch auf und schlief an ihrem Rock ein. Aber das Mädchen blieb lange Zeit stehen und beruhigte ihr Herz, das ihr so vorkam, als würde es sich füllen wie ein Becher, der unter einem klaren Brunnen gehalten wird.

Später am Tag brachte ein Junge Kränze und Stechpalmenzweige zur Tür. Elsie kaufte rücksichtslos, und so kam Adriance an diesem Abend nach Hause in ein Haus, das weihnachtlich mit Scharlach und Grün, würzig mit dem Zimtduft der Apfelstückchen und einer Geliebten im Arm war, die ihm ein fröhliches Weihnachtsgesicht zeigte.

„Ich konnte nicht zwei Tage warten", erklärte sie ihm. „Wir beginnen jetzt und arbeiten uns schrittweise daran vor."

Aber schließlich kam der Weihnachtsmorgen überraschend und besiegte endgültig alle Zweifel und Vorahnungen, die sie für viele Tage außer Sichtweite brachten. Denn indem er seine Frau im Morgengrauen wachküsste, machte Anthony zuerst sein Geschenk und kam damit ihrem zuvor.

„Du hattest nie einen Verlobungsring", erinnerte er sie. „Ich muss als Ehemann eine gewaltige Leistung erbringen, um meine Fehler als Verlobter zu verkraften! Hier, lass es mich für dich anziehen. Was für clevere Grübchen du in deinen Fingern hast! Ich habe sie gleich in unserer ersten Nacht hier bemerkt." , erinnern?"

Sie weinte offen vor Überraschung und leidenschaftlicher Freude über den Gedanken an sie. Es war wirklich ein spektakulärer Ring und glitzerte tapfer im frühen Licht; ein Oval aus dunkelroten Steinen wie ein Schild über ihrem Ehering.

„Das sind nur Granate", besänftigte er ihren Protest gegen die Extravaganz. „Aber sie haben die Farbe von Rubinen und ihr Versprechen. Tu es nicht – bitte tu es nicht! Komm, was hast du für mich? Gib es auf."

Die Umleitung gelang. Bevor ihre Augen trocken wurden, lachte sie und antwortete:

„Er ist in der Holzkiste. Ich musste ihn im Haus behalten, wo es warm war, und ich hatte solche Angst, du würdest ihn hören und die Überraschung verderben. Aber er war so gut wie möglich; er sagte kein einziges Wort." Öffne den Deckel, Liebes.

"Er?" wiederholte ihr Mann. "Ihn?"

Die Holzkiste gab ihm nach; ein kleiner, fröhlicher Welpe mit krummen Beinen.

„Er ist *fast* ein Bostoner Bulle", erklärte Elsie gewissenhaft. „Wenn er einer gewesen wäre, hätte ich es mir nicht leisten können, ihn zu kaufen. Aber er ist eine Liebe. Anthony, er ist der Wachhund, wissen Sie."

Der Welpe fand beide Gesichter in Reichweite, während er über Anthonys Arm hing, und leckte sie mit liebevoller Unvoreingenommenheit ab.

KAPITEL X

MRS. MASTERSON TRINKT TEE

Es war am Tag nach Weihnachten, als Adriance mit seinem Lastwagen nach New York geschickt wurde, zum ersten Mal, seit er Pilot dieses riesigen Fahrzeugs geworden war. Sein Ziel war Brooklyn, so dass er die ganze Stadt durchqueren musste, und als er sich auf den Heimweg machte, begannen hier und da Lichter durch das Grau des kurzen Winternachmittags zu funkeln.

Die Erfahrung war nicht ohne ein neuartiges Interesse gewesen. Der Feiertagsverkehr drängte sich auf die Straßen; Die vom beißenden Ostwind müden und durchgefrorenen Verkehrspolizisten hatten keine Geduld. Adriance wählte die Fifth Avenue für seine Route stadtaufwärts mit der Selbstverständlichkeit einer langen Tradition, ohne an die größere Reisefreiheit zu denken, die er auf einer der schmuddeligen Straßen gefunden hätte, die normalerweise von Fahrzeugen wie seinem befahren werden. Die Schwierigkeiten machten ihn jedoch glücklich. Andy vom Lastwagen musste sich fragen, wie der Polizist, der ihn unsanft vom Eingang des Parks fernhielt , diese Aufforderung hätte formulieren können, wenn er gewusst hätte, dass der Eindringling Tony Adriance war : „Papier, wissen Sie!" Vielleicht löste sein fröhliches Grinsen aufgrund dieses Wunders ein säuerliches Lächeln des Offiziers aus.

„Weißt du nicht, dass du dort keine Limousine hast? Du aus dem Wald?" kam der nicht bösartige Sarkasmus.

„Schlimmer noch: aus Jersey", schoss Adriance zurück. „In Ordnung, es tut mir leid."

„Einfache Straßen für Sie, rund um den Kreis", war die Anweisung, die auch eine Befreiung bedeutete.

„Danke", rief Adriance anerkennend, als er gehorchte.

Die massige Gestalt neben dem Chauffeur bewegte sich.

„Du hast Nerven", kommentierte der Mann, seine langsame, schwere Stimme klang voller Bewunderung. „Ich habe gesehen , wie Jungs weniger gezogen wurden, Andy."

Adriance lachte. Er und sein großer Assistent waren sehr gute Freunde, nachdem sie sich wochenlang den Sitz im Lastwagen geteilt hatten. Im Vergleich zu dem Mann, der neben ihm saß, wirkte der Chauffeur wie ein Jüngling, die riesigen Arme vor der dicken Brust verschränkt. „Mike", wie ihn seine Kollegen nannten, war ein russischer Bauer. Seine Erziehung in einem Slum in Hoboken hatte seinen Patriotismus und seine Sprache gefestigt, seinem Körper aber das Erbe seines Erbes hinterlassen. Sein rötlich-gelber Kopf saß auf einem massiven Hals, dessen Ansatz, wie sein offenes Hemd zeigte, mit einem roten Haarwuchs bedeckt war, der bis über seine Brust reichte. Seine großen Gesichtszüge und sanften, sich langsam bewegenden Augen, seine schwere, ruhige Art zu sprechen waren der Umgangssprache, die er sprach, absurd fremd. Adriance wusste, dass sein Helfer seit zehn Jahren in der Fabrik angestellt war, aber er wusste nicht, dass Mike immer einem neuen Chauffeur zugewiesen wurde, bis sich der Fremde als vertrauenswürdig erwies. Mike war langweilig, aber er war absolut ehrlich. Wertvolle Kisten oder Pakete aus von ihm betreuten Lastwagen wurden nicht als „verloren" gemeldet. Adriance hatte keine Ahnung, dass „Russian Mike" tatsächlich über den Fortbestand seiner Position in der großen Mühle seines Vaters entschieden hatte.

„Wenn ich nicht durch den Park gehen kann, gehe ich zurück zur Allee", erklärte Adriance , als die Abzweigung bewältigt war. „Ich will Fröhlichkeit, Michael; Boulevard-Fröhlichkeit! Vier Uhr auf der Fifth Avenue – soll ein armer Arbeiter des Anblicks beraubt werden? Es ist wahr, dass wir zu weit oben in der Stadt sind, aber der Grundsatz ist derselbe. Stimmst du mit mir überein? "

„Ist es nicht „Nichts für mich", beteuerte der prächtige Wächter und wechselte mit einer trägen Bewegung in eine neue Position, die die Muskeln unter seinem Flanellhemd anschwellen ließ, bis der Stoff spannte. Sein Blick auf seinen Begleiter war leicht nachsichtig.

„Natürlich nicht. Aber beim nächsten Mal wird es so sein; das heißt, wenn du nicht an einer Lungenentzündung stirbst, nachdem du diese Fahrt mit weit geöffnetem Mantel gemacht hast. Die Wertschätzung wird in dir wachsen. Was denkst du über das Mädchen in Grau? die Limousine? Hübsch? Ich bin mit ihr zur Schule gegangen, Michael; Tanzschule."

Die slawischen braunen Augen wurden humorvoll.

„Tatsache", Adriance begegnete der Ungläubigkeit. „Und jetzt erkennt sie mich nicht; und keiner von uns kümmert sich darum."

Die erhobene Hand eines anderen Verkehrsbeamten stoppte die langen Fahrzeugschlangen. Drei Meter vom Bordstein entfernt hielten auf beiden Seiten Autos, Kutschen, grüne und gelbe Busse und verzierte Lieferwagen in einer dichten, geordneten Masse, so dass die Straße dicht gefüllt war. Adriances Lastwagen stand neben dem Bürgersteig, in Übereinstimmung mit der Vorschrift für langsam fahrende Fahrzeuge. Als seine lachende Stimme Mike antwortete und seine Stimme angehoben war, um das Dröhnen der Geräusche um sie herum zu übertönen, blieb eine Frau, die aus einem der

Läden gekommen war, abrupt stehen. Ihr Blick wanderte durch die Reihen, um mit eifriger Aufmerksamkeit auf Adriance zu ruhen . Einen Moment später zuckte der Mann zusammen, als er seinen eigenen Namen hörte, der neben ihm gesprochen wurde.

„Wie geht es dir, Tony. Und bist du nicht – ziemlich fehl am Platz?"

Für einen Moment sprachlos blickte er in die großen, kühlen Augen von Lucille Masterson. Sie lächelte nicht, sondern begegnete seinem Blick mit einer Gelassenheit, die seine Verlegenheit zu einem Fehler machte. Am weißen Fell ihrer Stola war ein Knoten rosa-weißer Zuckererbsen befestigt; daneben erschien ihr Gesicht so sanft getönt und künstlich in Szene gesetzt wie die Blumen. Am Steuer des riesigen Lastwagens wirkte sie kleiner und zerbrechlicher, als Adriance sie in Erinnerung hatte. Ohne den geringsten Grund fühlte er sich als von ihr überraschter Täter. Er hatte alle Empfindungen eines Deserteurs, der mit herzlos Verlassenen konfrontiert wird.

„Wirst du nicht mit mir reden?" sie fragte, als er sprachlos blieb. „Ich habe dich vermisst, Tony."

Er erregte sich hastig.

„Natürlich! Ich meine – du bist sehr nett. Ich – wir waren nicht in der Stadt."

spürte die völlige Idiotie, in die er verfiel, und hielt sich zurück. Der Verkehrsstrom floss wieder weiter und ließ seine Maschine am Bordstein liegen; sozusagen festgemacht durch die weißbehandschuhte Hand, die Mrs. Masterson auf das Rad gelegt hatte.

Ohne auf seine Zusammenhangslosigkeit zu achten, blickte sie auf eine winzige Uhr an ihrem Handgelenk, die halb von ihrem weiten, pelzbesetzten Ärmel verdeckt war. Mit ihrer Bewegung breitete sich ein Duftduft in der dicken Stadtluft aus.

„Ich möchte, dass du mich zum Tee einlädst", verkündete sie mit ihrer gewohnten Imperativität. „Ich habe Ihnen etwas zu sagen. Lassen Sie Ihren Mann Ihr Auto nach Hause bringen."

Trotz seiner Verzweiflung lachte Adriance . Er war sich der starren Bewunderung bewusst, die der große Mann neben sich auf die schöne Frau gerichtet hielt; Er hatte das gierige Einatmen gehört, mit dem die andere das von ihrer Anmut geschüttelte Parfüm aufnahm, und konnte die Wirkung von *Essence Enivrante* auf ungeübte Nasenlöcher erraten. Trotzdem konnte er sich nicht vorstellen, dass der Russe Mike dem vorgeschlagenen Befehl Folge leisten würde.

„Sehen Sie, er ist nicht mein Mann", entschuldigte er sich für seine Nachgiebigkeit. „Vielen Dank, aber das ist nicht möglich."

„Dann lass ihn auf dich warten. Wirklich, Tony, ich denke, du schuldest mir ein wenig Höflichkeit."

Adriance errötete vor der Zurechtweisung. Er hatte Lucille Masterson seit dem harten Abschied ihres letzten Streits nicht mehr gesehen. Er hatte sie verlassen, um innerhalb der nächsten sechsunddreißig Stunden eine andere Frau zu heiraten. Bei Mrs. Masterson war er immer am schwächsten gewesen; Er verfiel nun in seinen alten Fehler, Zeit zu lassen.

„Ich bin nicht für eine Teestube gekleidet", missbilligte er. „Sonst würde ich mich freuen."

Ihre Augen glitzerten. Sie begriff das leichte Zugeständnis und beugte sich mit ihrem strahlenden, arroganten Lächeln zu Adriances Assistentin.

Adriance auf das Auto aufpassen , nur ein paar Augenblicke, nicht wahr?" sie legte Berufung ein. „Ich habe ihm etwas Wichtiges zu sagen. Ich wäre ihm sehr dankbar."

Die weißbehandschuhte Hand glitt nach vorne und ließ einen Geldschein in der haarigen Faust zurück. Benommen riss Mike zum Gruß vage seine Mütze hoch und starrte die Frau immer noch an. Weder Geld noch Schönheit hätten ihn zu einer tatsächlichen Pflichtverletzung verleiten können, aber dies war die letzte Fahrt des Tages und der Lastwagen war leer. Es konnte keine Rolle spielen, wenn sich die Rückkehr um eine halbe Stunde verzögerte; Eine verspätete Fähre könnte so viel Zeit verlieren. Darüber hinaus war er nicht nur bereit, sondern auch bestrebt, Andy einen Gefallen zu tun, und der Geldschein in seiner Hand sicherte einen herrlichen Samstagabend.

„Sicher", murmelte er mit einem schüchternen Grinsen wie das eines riesigen Kindes .

„Komm, Tony", wies Mrs. Masterson an.

Da er nichts anderes sah, was er tun konnte, schwang sich Tony widerstrebend neben ihr auf den Bürgersteig.

„Ich kann nur kurz bleiben", schrieb er rebellisch. „Es lohnt sich kaum , irgendwohin zu gehen. Wir müssten einen Ort finden, an dem diese Kleidung vorbeikommt und an dem uns niemand kennt."

„Im Gegenteil! Wir müssen dorthin gehen, wo du so bekannt bist, dass deine Kleidung keine Rolle spielt", widersprach sie ihm. „Die Elizabeth Tea-Room ist gleich hier, und wir sind oft dorthin gegangen."

Er konnte sich keinen Einwand gegen den Vorschlag vorstellen. Plötzlich folgte er seinem Entführer in die hübsche, gelb-weiße Teestube.

Thé dansant nicht übernommen hatte , war der Ort nicht überfüllt. Die elegant gekleidete Kellnerin begrüßte sie mit einem anerkennenden Murmeln und führte sie zu einem Tisch, ohne einen Blick auf die Kleidung des Chauffeurs zu werfen. Mrs. Masterson bestellte etwas; ein Befehl, den Adriance unterstützte, ohne ihn gehört zu haben. Er fand seine Fassung wieder und wunderte sich über sich selbst, dass er hierhergekommen war, ebenso wie über Lucille, die ihn mitgebracht hatte. Was könnten sie einander jetzt zu sagen haben? Die duftende Wärme des Zimmers machte ihm bewusst, in welcher Kälte er Mike hatte warten lassen, und Reue überkam ihn.

Es war eine Konsequenz seiner Erziehung unter Leuten, die sich nie mit der Enge der Konventionen, die sie als Mittelschicht bezeichneten, auseinandersetzten, dass Adriance durch seine Anwesenheit hier keinerlei Gefühl der Untreue gegenüber Elsie oder Fred Masterson verspürte. Im Gegenteil, das Wissen um seine Ehe hätte es ihm ermöglicht, einen der beiden offen zu begrüßen, wenn sie zufällig eingetreten wären und ihn gefunden hätten. Es war, als ob seine gesicherte Position die Aufsicht über die Situation hätte. Aber er war wirklich männlich, da er Lucille Masterson nicht mehr liebte , verabscheute er es, mit ihr zusammen zu sein. Er ärgerte sich über das starke Unbehagen, das er in ihrer Gegenwart empfand.

Sie zog ihre Handschuhe mit einer Langsamkeit aus, die ihn wie eine Geste irritierte; Er fand die künstliche Perfektion ihrer Hände abscheulich wie eine Wachsfigur. Sie hatten weder wirklich eine gute Figur noch waren sie klein, sondern lediglich sehr weiß gebleicht und zu einer glitzernden Illusion maniküurt. Und mit Abscheu sah er, dass sie einen Ring trug, den er ihr einmal geschenkt hatte, weil sie ihm deutlich machte, dass das teure Geschenk erwartet wurde. Er wusste, dass sie ihren Mann in Bezug auf den Geber belogen hatte; „Tony" war damals durch diese Entdeckung erschrocken und halb aus seinem dunstigen Inhalt geweckt worden. Jetzt betrachtete er die große, mit Diamanten besetzte Perle und erinnerte sich an die bescheidenen Granate, die er Elsie geschenkt hatte.

„Es tut mir leid, aber ich muss nicht lange bleiben", sagte er. „Sie haben von etwas Wichtigem gesprochen, das es zu besprechen gilt."

"Habe ich?"

"Sicherlich!"

Sie musterte ihn mit offener Neugier.

„Willst du mit dem Gorilla von einem Mann zu diesem Wagen zurückkehren?"

"Ja."

„Bist du immer noch sehr verheiratet, Tony?" sie fragte böswillig.

Seine Augen leuchteten, dann erstarrten sie. Ihr Mangel an Geschick hatte sie zu einem letzten Fehler geführt.

„Sie vergessen, dass meine Frau eine unmoderne Frau ist. Ich bin immer noch glücklich verheiratet", erwiderte er.

"Wie romantisch!"

"Sehr."

„Trotzdem, zwei Monate, oder sind es drei? Sogar Fred und ich haben so lange durchgehalten. Es wird dir nichts ausmachen, wenn ich sage, dass du ein bisschen launisch bist, Tony. Was wirst du tun, wenn dir langweilig wird? Oder glaubst du, dass du das nie tun wirst." Will? Elsie muss über Fähigkeiten verfügen, die ich nie vermutet hätte. Erzählt sie Ihnen die Geschichte von – Monsieur Raoul, nicht wahr?"

„Sie hat andere, die angenehmer sind. Bei Mrs. Adriance ist Langeweile nicht möglich", sagte er unter Kontrolle seiner Wut. Aber er fühlte sich ungeschickt und unzulänglich.

Die urige kleine Kellnerin stand neben ihm und erfüllte ihre Dienstpflicht mit ermüdender Langsamkeit und Präzision. Sie war ein hübsches Mädchen in einem butterbechergelben Kleid und einer gerüschten weißen Mütze und Schürze. Adriance wurde sich seiner von der Arbeit verdunkelten Hände bewusst, eines Kragens, auf dem sich der Staub eines Tages angesammelt hatte, und anderer Zeichen, die ihn von den üblichen müßigen und zierlichen Gästen dieses Ortes unterschieden.

„Sie *sind* ein bisschen schäbig", bestätigte Mrs. Masterson und beobachtete ihn mit verstohlener Schärfe. Sie gestattete sich ein ironisches Lächeln. „Glaubst du nicht, dass es an der Zeit ist, nach Hause zu gehen und dich umzuziehen?"

Er vermutete eine Anspielung, eine *Doppeldeutigkeit* in der Rede, die er nicht verstand, die ihn aber dennoch wütend machte. Er fragte sich, ob sie ihn hierher gebracht hatte, um diesen Kontrast zwischen seinem gegenwärtigen Leben und seiner Vergangenheit zu erzwingen und ihn so mit Unzufriedenheit oder sogar Bedauern über seine Ehe zu belasten. Wenn ja, dann hatte sie versagt. Er ließ sie nur erniedrigen und stellte fest, dass ihre Schönheit durch ihre Bosheit verdorben war.

„Ich werde in einer Stunde zu Hause sein", sagte er. „Und natürlich freue ich mich darauf, dort zu sein, also verzeihen Sie mir, dass ich Sie an alles erinnere, was wir besprechen müssen."

"Ah, natürlich." Sie hielt inne, bis ihr Begleiter durch eine Schwingtür davonflatterte. „Du bist ganz von mir geheilt, nicht wahr, Tony? Machen Sie sich bitte nicht die Mühe, höflich zu leugnen. Aber es ist ein Glück, dass niemand wirklich von uns wusste – ich nehme an, Sie haben es nicht erzählt?"

„Frau Masterson!"

Sie brachte den Protest zum Schweigen und lachte über die Duftwicken, die sie gegen ihre glatten roten Lippen gehoben hatte.

„Sehr gut, sehr gut! Aber versprich mir, dass du es nie tun wirst. Versprochen, Tony."

„Das ist nicht nötig", antwortete er steif. „Aber wenn du das denkst, gebe ich dir mein Wort."

„Niemals zu erzählen, dass ich darüber nachgedacht habe, dich zu heiraten, was auch immer passieren mag?"

"Ja."

Sie ließ die Zuckererbsen fallen und saß eine Weile schweigend da, während ihr Blick auf ihm ruhte. Keiner der beiden machte den Anschein, den Tee in die winzigen Kannen zwischen ihnen zu gießen oder die Miniatursandwiches und Kuchen zu probieren. Monate später sollte Adriance etwas über Lucille Mastersons Gedanken in dieser Zeit erfahren. Er selbst dachte an den Russen Mike, der im Lastwagen wartete, und dass er so spät nach Hause kommen würde, dass Elsie sich Sorgen machen könnte. Eigentlich wollte er in einem Geschäft anhalten, um für seinen Weihnachtswelpen ein Spielzeug-Bulldoggenhalsband zu kaufen, aber das musste nun verschoben werden. Er war erstaunt und unendlich wütend auf sich selbst, dass er Lucilles Laune, ihn hierher zu bringen, so leicht nachgegeben hatte.

Unbewusst blickte er sie mit offenkundiger Ungeduld an. Sie antwortete sofort mit einem Schulterzucken.

„Geh auf jeden Fall. Bitte geh, Tony. Behalte ich dich? Ich bin nicht die Art von Frau, die trauert, wissen Sie. Denken Sie daran, dass unsere Episode nicht nur geschlossen, sondern auch verschlossen ist, wenn wir uns wiedersehen. Gut- Tschüss."

„Und die wichtige Mitteilung, die ich hören sollte?"

„Ich habe vergessen, was ich sagen wollte. Auf Wiedersehen, Tony."

Verwirrt und wütend stand er auf und ließ den doppelten Betrag des Schecks auf dem Tisch liegen, den er nicht angeschaut hatte. Mrs. Masterson nickte als Anerkennung für seinen grimmigen Gruß. Ihre Augen blickten triumphierend, und als das Mädchen in Gelb ihn hinausführte, sah Adriance , wie die andere sich hungrig den Sandwiches und dem Tee zuwandte.

Der Ostwind war stärker geworden und seine Strömung war voller wirbelnder Schneepartikel. Mit dem Sturm war die Dunkelheit gekommen und hatte die Dämmerung in Nacht verwandelt. Adriance zitterte und knöpfte seinen billigen Pelzmantel zu, während er über das nasse, glänzende Pflaster eilte. Mike erwachte mit einem Grunzen, als der Chauffeur sich auf den Sitz neben ihm setzte.

„Gute Dame, Andy!" Kommentierte er und starrte mit großer Neugier auf den Mann, der Gas und Zündfunke betätigte. „Ich schätze, vielleicht bist du auch großartig, wie eine Filmshow, die ich einmal gesehen habe?"

Adriance stieg erneut aus, um nach vorne zu gehen und den Motor anzuwerfen. Er begann, die möglichen Komplikationen zu erahnen, wenn Mike seinen Freunden von diesem Abenteuer erzählen würde. Er fragte sich auch, ob Lucille den Namen auf dem Lastwagen bemerkt hatte. Alles in allem war er in der Stimmung, bösartig genug zu sein, um zu lügen, und das tat er auch.

„Nein", beteuerte er rundheraus, als er seinen Platz wieder eingenommen hatte. „Sei kein Idiot, Mike. Ich – war früher bei dieser Dame angestellt."

„Ihr Auto fahren?"

"Ja."

Die Erklärung wurde als zufriedenstellend akzeptiert. Eine genaue Kenntnis der Umgangsformen zwischen Herrin und Chauffeur gehörte nicht zu den Leistungen des Prüfers. Aber Mike empfand den Vorfall als romantisch, und für ihn kam die Romantik nur aus einer Quelle.

„Sie sieht aus wie eine dieser Schauspielerinnen aus den Filmen", beteuerte er und verschränkte seine riesigen Arme bequem vor seiner Brust. „Das vermute ich vielleicht? Ich habe dort Königinnen wie sie gesehen ."

„Es ist eine gute Möglichkeit, sie zu sehen, wenn sie wie sie sind", bemerkte Adriance reumütig. Er lachte trotz seines Ärgers. „Bleib besser bei den Filmmädchen, Michael; das ist sicherer! Jetzt hör auf, mit mir zu reden; wenn dieser brutale Lastwagen in diesem Schneematsch nur einen Zentimeter ausweicht, wird sich irgendein hübsches Auto anfühlen, als wäre ein Elefant darauf getreten."

Aber das Pech dieses Tages hatte ein Ende. Sie machten einen schnellen Ausflug in die Stadt und erwischten gerade eine Fähre, die gerade abfahren wollte.

Schließlich sollten sie nicht merklich zu spät kommen. Und da es keiner Erklärung bedarf, kam Adriance der Gedanke, dass er Elsie die Geschichte seines Unbehagens vielleicht nicht erzählen sollte. Er schämte sich zutiefst für die schlechte Rolle , die Lucille Masterson ihm aufgezwungen hatte. Sie hatte ihn gepfiffen, gehorchen zu lassen, und er war mit der Sanftmut eines Geübten gekommen. Sie hatte sich so lange mit ihm amüsiert, wie sie wollte, und ihn dann gedemütigt und hilflos entlassen. Er wollte nicht, dass Elsie sich ihren Mann in dieser Situation vorstellte und dass er immer noch nicht in der Lage war, Nein zu Mrs. Masterson zu sagen.

Als er durch einen heftigen Schneesturm den langen Hügel hinaufstieg, war er völlig durchgefroren und voller Selbstekel und sehnte sich nur noch nach Schutz und Frieden. Beide trafen ihn, als er die Tür seines Hauses aufstieß und in das warme, helle Zimmer trat. Als sich die Tür hinter ihm schloss, schloss er definitiv das Bild von Lucille Masterson aus.

Mit einem kleinen Ansturm kam Elsie ihm entgegen und hob ihr warmes und rosiges Gesicht für seinen Kuss. Der Welpe stolperte über den Boden und stieß stakkatoartige Salutschreie aus.

„Ich habe unserem Haus einen Namen gegeben", verkündete das Mädchen fröhlich. „Weißt du, wir haben alles andere benannt. Gefällt dir Alaric Cottage nicht?"

„Heute Abend gefällt mir das Innere, klar. Aber warum Alaric?"

„Weil es natürlich so frühgotisch ist. Sie müssen unsere Veranda zu schätzen wissen, Anthony. Oh, Sie *sind* nass und kalt! Beeilen Sie sich und wechseln Sie Ihre Sachen – ich habe sie alle bereitgelegt – und ich werde Sie füttern, Sir. "

So verging die Sache vorerst und geriet in Vergessenheit.

KAPITEL XI

DER LEUCHTENDE HERD

Der zu Ehren des Tages seiner Ankunft auf den Namen Noel getaufte Welpe gedieh und wuchs in einer familiären Atmosphäre gelassener Zufriedenheit zum jungen Hund heran. Von Weihnachten bis Ostern vergingen die Tage wie im Flug. Tag für Tag wuchs zwischen Anthony und Elsie Adriance eine engere und innigere Kameradschaft zusammen. Der Winter war hart und lang, aber nie langweilig für sie.

Der Winter war für sie hart und lang, aber nie langweilig

Sie fanden so viel zu tun. Als Gegenleistung dafür, dass er ihr vorlas, löschte Elsie manchmal die Lampe und erzählte ihm im flackernden Feuerschein urige, groteske Legenden über kreolische und Negergeschichten. Ihre sanften Akzente fielen ganz natürlich ins Pâtois ; Sie war eine geborene Nachahmerin und mischte Fragmente klagender Lieder ein, so alt wie die Tragödie der Sklaverei oder die Romantik eines vornapoleonischen Frankreichs. Ihre Stimme könnte schläfrig sein wie die Sonne in einer stillen Lagune oder voller Lebendigkeit wie der Klang der Schritte eines marschierenden Regiments.

Sie brachte ihm auch das Schachspielen bei, wobei sie aus ihren wenigen Besitztümern ein wunderbares Paar Männer aus Jade und Elfenbein zusammenstellte.

„Wissen Sie, dass diese sehr wertvoll sein müssen?" rief Adriance aus, als er sie zum ersten Mal sah.

„Ich weiß, dass sie mächtig alt sind", spottete sie über seine Ernsthaftigkeit. „Und ich würde sie nicht verkaufen, also ist der Rest egal."

"Erzähl mir von Ihnen."

„Es gibt nichts ganz Bestimmtes zu sagen." Sie betrachtete ihn schief aus dem Augenwinkel und lachte. „Können Sie den Schock ertragen, zu erfahren, dass einer der Vorfahren Ihrer Frau verdächtigt wurde, heimliche Beziehungen zu dem berüchtigten LaFitte zu haben ?"

"Wer war er?"

„ LaFitte war ein Pirat und Freibeuter, Sir, der eine Festung unterhalb von New Orleans hatte, wo sich die Mündung des Mississippi in den Golf erweitert. Viele Schiffe zahlten Zoll an ihn, viele seltsame Preise fielen in seine gierigen Hände; und es wurde geflüstert dass einige dieser seltsamen, fremden Dinge auf mysteriöse Weise im Haus von Martin Galvez auftauchten. Man hörte Neger mit angehaltenem Atem und verdrehten Augen von einer schnell segelnden Schaluppe erzählen, deren Rumpf schwarz war und die Takelage mit schwarzem Segeltuch, Leinen und allem drum und dran war . Um Mitternacht glitt es den Fluss hinauf und vor Tagesanbruch wieder hinunter, vorbei an allen Verteidigungsanlagen , sagten sie – und sein Landepunkt war der Kai von Oberst Galvez, zehn Meilen über der Stadt. Niemand wusste jemals mehr als ein Gerücht, das so unauffindbar blieb wie das schwarze Schaluppe. Aber es hieß, die Schachfiguren aus Elfenbein und Jade seien mit diesem Schiff gereist, ebenso wie die rosa Perlenkette der Ururgroßmutter, die in ihrem Porträt um ihren Hals gemalt war. Laut und oft lachte ihr Mann über die Geschichten und lädt jeden ein, jeden Abend zwischen Sonnenuntergang und Sonnenaufgang seinen Kai zu beobachten. Die Schachfiguren, erklärte er, seien ihm von einem Prinzen von

Kairo geschenkt worden, dessen Feinde ihn in die Hände eines Sklavenhändlers verraten hatten. Die dunkle Hautfarbe des ägyptischen Adligen und seine Unkenntnis der westlichen Sprache hatten ihn zu einem hilflosen Opfer gemacht; Er sah sich der endgültigen Erniedrigung der Peitsche gegenüber, als Oberst Galvez ihn sah und rettete. Als Dank schickte er ihm die hübschen Spielsachen. Die rosafarbenen Perlen stammten durch rechtmäßigen Kauf aus Wien. Zumindest erzählte der würdige Oberst gern und mit überzeugenden Details über seine unvergleichlichen französischen Weine und Havanna-Zigarren.

„ Aber was war die Wahrheit? Welche, meine ich?" er fragte.

Sie schloss die Augen in witziger Verzichtserklärung.

„Woher soll ich das wissen? Die rosa Perlen verschwanden, bevor Josephine Galvez vor sechzig Jahren Fairfax Murray heiratete. Die Schachfiguren sind dumm. Aber ich kenne so manches alte Spielzeug aus Übersee, das immer noch in unserem Haus herumliegt. Nichts von großem Wert! Wir sind so arm wie Kirchenmäuse; der Familienreichtum ist vor langer Zeit auf den schwarzen Segeln des Unglücks vor dem Wind geflohen. Ja, die Murrays hatten beim Kartenspiel normalerweise schlechte Hände. Wirst du zuerst ziehen, oder soll ich?"

„Du", lud er ein. Er sah sie neugierig an. „Warum hast du mir nicht vorher gesagt, dass du eine verkleidete Prinzessin bist? Ich wusste nie, dass du einen Vorfahren aktenkundig hast, und hier hast du eine Prozession davon. Du bist ein lustiges Mädchen."

Wenn du mich nicht magst , warum magst du mich, *warum* bleibst du hier?

Sie sang ihm den sehr modernen Vers mit einem geradezu verlockenden Spott vor; und er brachte das ganze Schachbrett durcheinander, als er ihr richtig antwortete.

Nach und nach erfuhr er viel über ihr Zuhause; das, wie er herausfand, einst das wahre Zuhause des pünktlichen Maît 'Raoul Galvez mit überraschender Erinnerung gewesen war. Er machte Bekanntschaft mit ihren Eltern und ihren Schwestern, als Elsie ihm mit ihrer zauberhaften Beschreibungs- und Nachahmungskunst ein lebendes Abbild jedes einzelnen vorführte . Es schien, als gäbe es fünf Schwestern: Lee, Roberta, Virginia, Clotilda und Nicolette.

„Mutter hat die ersten drei von uns benannt und Papa die letzten drei", erklärte sie. „War er nicht sehr höflich, so lange zu warten? Mutter ist bis heute eine rebellische Konföderierte, während Papa den Norden völlig befürwortet und ein professioneller Forscher in romantischer Geschichte ist.“

„‚Elsie‘ ist nicht historisch“, wandte er sehr abgelenkt ein.

„Oh, mein wahrer Name ist Elcise ; ich komme vor Clotilda und Nicolette. Aber mein Großvater bestand sein Leben lang darauf, mich Elsie zu nennen, und so wurde aus Rücksicht auf ihn die erste Absicht aufgegeben. Der arme Papa verlor danach einen seiner Auftritte Es ist aber sehr gut gelaufen! Elsie ist praktischer veranlagt, und ich bin das praktischste Mitglied im ganzen Familienkreis.“

"Wirklich?"

„Ja, auf jeden Fall! Lee hat einen dramatischen Dichter geheiratet, der auch Herausgeber einer Zeitung ist“, erwiderte sie auf seine Ungläubigkeit. „Und einer, der zulässt, dass sich seine beiden Berufe gegenseitig beeinflussen! Roberta ist seit fünf Jahren mit einem Armeeoffizier verlobt. Er ist auf den Philippinen stationiert, wo sie sich ihm anschließen und mit ihm in einem Dschungel leben soll, sobald er ausreichend befördert ist zu heiraten. Virginia ist eine Schönheit, die das gesamte College voller junger Männer um unser Haus herum vibrieren lässt; und sie erklärt, dass sie mit fünfundzwanzig ins Kloster gehen wird. Clotilda und Nicolette sind Zwillingsbabys von elf Jahren. Sie Wir hatten immer noch jede Menge Zeit, um irgendetwas zu tun, wissen Sie. Wir waren alle so glücklich, wie wir waren, aber es wurde wirklich notwendig, dass jemand Papa ablöste, und sei es nur, indem er sich selbst ernährte und mehr für die anderen übrig ließ. Also fing ich an und ging als Privatsekretärin und Begleiterin der alten Dame, von der ich Ihnen erzählt habe. War das nicht praktisch? Natürlich unterstützt Lees Mann sie normalerweise.

„Aber im Frühling, als ich wegkam, hatte Papa ihn gedrängt, von der Zeitung zurückzutreten und für sechs Monate nach Hause zu kommen, um ein poetisches Drama zu schreiben, von dem sie beide begeistert waren. Niemand erwartet, dass es viel Geld einbringt, aber wie Papa sagte, wir hatten immer genug für würdevolle Einfachheit, und es sollte sowohl unsere Pflicht als auch unser Ruhm sein, Lees Ehemann zum Ruhm zu verhelfen.

„Elsies Mann will sie die ganze Zeit unterstützen.“

„Oh, ich habe dir gesagt, Elsie war praktisch veranlagt. Sie hat vernünftig geheiratet.“

„Sollte man es so nennen?“ zweifelnd.

„Ihr Mann ist sehr nett zu ihr, wissen Sie.“

„Nun, er ist immer noch verliebt. Wenn das nachlässt, weil sie es satt hat, ihn zu füttern, und schlecht gelaunt wird –?"

Sie lachten einander über den Kamin hinweg aus. Aber bald wurde Adriance ernst.

„Elsie, ich denke, ich sollte deinem Vater schreiben. In zivilisierten Ländern entreißt man einem Mann nicht auf diese unverschämte Art und Weise die Tochter, ohne auch nur ein Wort mit ihm zu sagen. Warum habe ich nicht schon früher daran gedacht? Und ich Ich möchte in deiner Familie willkommen geheißen oder zumindest dort geduldet werden. Glaubst du, wir könnten sie eines Tages besuchen, wenn es unsere Finanzen zulassen? Oder vielleicht kommen einige meiner Schwägerinnen zu uns? George, was für ein Zeit hätten wir diesen Mädchen mit etwas von dem Geld geben können, das ich hatte, aber das haben wir nicht getan!"

Seine Frau beugte sich zu ihm, ihre grauen Augen waren vor Ernst ganz feucht.

„Anthony, es gibt nichts auf der Welt, was mich so glücklich machen würde, als wenn du nach Hause schreibst und ihnen sagst, dass ich zu dir gehöre. Ich habe so *gehofft,* dass du darüber nachdenkst!"

„Warum hast du mir das nicht schon vor langer Zeit gesagt?" fragte er vorwurfsvoll.

„Wie könnte ich dir so etwas sagen?"

"Warum nicht?" fragte er sich tiefgründig.

Sie machte eine ausdrucksstarke Geste mit ihren kleinen Händen und gab die hoffnungslose Aufgabe der Erklärung auf.

„Macht nichts. Aber ich werde so froh sein! Sehen Sie, sie wissen überhaupt nicht, dass ich verheiratet bin. Ich habe nicht gewagt, es ihnen zu sagen, weil sie so stattliche, seltsame Ideen haben, dass sie zutiefst beleidigt wären, wenn Sie es nicht wüssten Schreiben Sie sich selbst. Sie würden es als große Beleidigung für mich betrachten. Also habe ich einfach gewartet."

Er blickte sie völlig erstaunt über ihre Geduld an.

„Mach es nie wieder", forderte er. „Bitte denken Sie daran, dass Sie sich dazu herabgelassen haben, ein armes, langweiliges Tier zu heiraten, das Ihrer ständigen Führung bedarf. Noch ist mir der heikle Punkt nicht klar geworden, warum Sie mich schon vor Wochen nicht damit beauftragt haben. Aber bringen Sie die Schreibutensilien mit und setzen Sie sich neben mir als Fachkritiker; wir werden uns darum kümmern, bevor wir schlafen.

Sie taten es; und wurden durch die Erfüllung dieses Aktes der Höflichkeit und Rücksichtnahme, den sie unwissentlich so lange vernachlässigt hatten, noch näher zusammengerückt.

Die warme, fröhliche Intimität ihres gemeinsamen Lebens vertiefte sich im Laufe der Tage immer mehr in die Seele beider. Sie fanden eine Kameradschaft sowohl im Geiste als auch im Herzen, denen es nie an Neuheit und Freude für den Mann mangelte.

„Ich hatte noch nie einen engen Freund", sagte er eines Morgens und war sich dieser Tatsache erstaunt bewusst. „Ich kannte so viele Menschen, dass ich es nie erraten hätte, Elsie, aber ich war mein ganzes Leben lang einsam. Ich kann mir nicht vorstellen, wie ich glücklicher sein könnte als jetzt."

Sie waren gerade vom Frühstückstisch aufgestanden.

der anderen Seite begegnete Elsie dem Blick ihres Mannes; ihre eigene unendlich weise, herrlich glücklich wie seine, doch berührt von diesem zarten Spott, der ihn streichelte und auslachte.

"Oh ja!" sie war anderer Meinung. „Ja, Anthony."

Verwirrt erkundete er in ihrem leuchtenden Blick, was sie meinte.

„Ich könnte glücklicher sein?"

„Ja. Das könnten *wir* sein."

"Aber--?"

Sie kam um den Tisch herum und sagte ihm die Antwort, indem sie ihre Hände in seine legte. Sie sprach nicht schüchtern, sondern stolz, mit offenem Mut und Kameradschaft.

Eine Stunde später, als Adriance den langen Hügel hinabstieg, um zu seiner Tagesarbeit zu gehen, verhielt er sich mit einer Würde, die so neu war wie die Mischung aus Hochgefühl und Angst, die sein Gesicht erblasste. Einmal blieb er im scharfen Märzwind stehen, entblößte seinen Kopf, holte tief Luft und schaute zum strahlend blauen Himmel hinauf, über dem weiße Wolkenbüschel segelten. Obwohl die Jahreszeit schon so weit vorangeschritten war, bedeckte frisch gefallener Schnee die Straße und die Hügel, so dass es Adriance vorkam, als stünde er zwischen zwei Flächen reiner, glitzernder Helligkeit. Seine Gedanken kamen erst jetzt zum Ausdruck, doch ein Gefühl der endgültigen Veränderung hatte sich in ihm breit gemacht. Seine Männlichkeit hatte seine volle Würde erlangt. Jetzt wusste er, was er getan hatte, als er Elsie Murray aus ihrem Widerstreit mit dem Leben herausgerissen und sie für sich genommen hatte. Er hatte die Liebe wie ein Juwel auf der Straße gefunden; Der Inhalt hatte seiner Unerfahrenheit einen Unterschlupf geschaffen. Nun stand er den

Schwächeren, die ihm gehörten, als Beschützer und Zuflucht zur Seite, solange er leben sollte. Und mit der Verantwortung erwachte der Ehrgeiz zum Leben und forderte ihn heraus. Sollte seine Frau als Frau eines Chauffeurs gelten und nichts weiter? Sollte ihr Kind an diesem Ort aufwachsen und er den beiden nichts Besseres geben? Anthony Adriance ließ seinen Blick mit der kalten, genauen Einschätzung seines Vaters über die große Fabrik schweifen, die weit unten am Fuße der Klippen lag, wo er selbst als Fahrer eines Lastwagens erwartet wurde.

Dann ging er weiter, die Straße hinunter. Aber er ging anders.

KAPITEL XII

DER OBERE WEG

Adriance hatte nicht einmal ein halbes Jahr in der Mühle verbracht, ohne viele Dinge zu beobachten, nicht einmal in seiner begrenzten Funktion als Chauffeur. Er hatte erkannt, dass der reibungslose Mechanismus, an dem er beteiligt war, Mängel aufwies. Könnte er in dieser Tatsache nicht eine Chance finden? Er sah viel, was er selbst tun könnte, wenn ihm die Autorität gegeben würde, um die Effizienz zu fördern. Er täuschte sich nicht mit der Idee, dass er als Effizienzexperte in jede Fabrik gehen könnte; Er erkannte, dass er hier ein faires Gehalt verdienen und verlangen konnte, das Elsie mehr Luxus verschaffte, als sie in ihrem eigenen Zuhause gekannt hatte, und mehr, als er selbst zu begehren gelernt hatte. Schließlich hatte es zwischen seinem Vater und ihm keinen Streit gegeben. Als der junge Mann einen Weg gewählt hatte, von dem er wusste, dass er dem Älteren unangenehm war, hatte er sich aus Höflichkeit und Selbstachtung einfach aus ihrem gemeinsamen Leben zurückgezogen. Da er nicht mehr das gab, was von Tony Adriance erwartet wurde , konnte er Tonys Privilegien nicht in Anspruch nehmen; Jetzt jedoch hatte die Kenntnis von Elsie die Situation verändert. Anthony war sich sicher, dass sein Vater nur seine Frau kennenlernen musste, damit sich seine Ehe erklärte. Selbst wenn Mr. Adriance von der Einfachheit der Entscheidungen und Ambitionen seines Sohnes enttäuscht war, selbst wenn er die brillante Mrs. Masterson als Schwiegertochter der gelassenen jungen Gentleman vorzog, warum sollte es zwischen den beiden Männern Groll geben? Zum ersten Mal kam Adriance der Gedanke, dass sein Vater möglicherweise einsam war und eine Versöhnung begrüßen würde. Sie waren nie intim gewesen, aber sie waren Gefährten oder zumindest angenehme Bekannte gewesen. Das Haus am Drive hatte nicht nur Dienstboten beherbergt, wie es jetzt der Fall sein muss – Dienstboten, die auch nur Dienstboten waren, nicht die treuen, hingebungsvollen, taktvollen Diener der Romantik, sondern den durchschnittlichen modernen Mietling. Die Haushälterin stellte sie ein und entließ sie und war selbst ein schattenhafter Automat, der scheinbar nur Sonderaufträge entgegennahm und monatliche Abrechnungen machte. Für die Atmosphäre eines Zuhauses, die im Haus geschaffen wird, hätten die Adriances genauso gut in einem Hotel eingerichtet werden können. Anthony fragte sich, ob selbst Elsie diese dichte Masse an Formalität durchbrechen konnte oder ob ihre Kunst eine zu heikle, eine zu subtile Kombination aus Herz, Verstand und Persönlichkeit war, um solche Zustände zu beeinflussen. Er konnte nicht sicher sein. Er konnte sie sich gut vorstellen, zierlich gekleidet und zurückhaltend selbstbewusst, als Herrin dieses Haushalts; aber er konnte sich nicht vorstellen, dass der

Haushalt selbst durch ihre Anwesenheit wesentlich verändert oder weniger schwerfällig geworden wäre. Daran hatte er vorher noch nicht gedacht, aber jetzt konnte er sich nicht vorstellen, dass es ihm genauso viel Freude bereiten würde, wenn sie feierlich in dem Salon saßen, den er so gut kannte, während sie ihm die Geschichten erzählte , an denen er sich zu erfreuen gelernt hatte. Es konnte nicht ganz dasselbe sein wie ein eigener Herd, und seine Pfeife brannte mit rauer , ungeheuerlicher Energie, die sich in Rauchmengen ausdrückte, während Elsie sich mit lebhaften kleinen Händen und funkelnden grauen Augen nach vorne beugte und nachahmte oder drollte oder oder sangen, wie es die Stimmung oder die Geschichte erforderte. Er wusste, dass er selbst niemals mit Begeisterung und Elan vorlesen könnte, wenn Mr. Adriance mit amüsierter Kritik zuhörte. Nein, Anthony stellte mit einigem Erstaunen fest, dass er seine Frau nicht mit nach Hause nehmen wollte.

Dennoch muss die Sache erledigt werden. Es war eine Pflicht. Er konnte nicht selbstsüchtig so weitermachen, wie es ihm so gut gefiel. Er musste an Elsie und den Dritten denken, der sich ihrem Kreis anschließen sollte. Er muss für sie aufsammeln , was er für sich selbst beiseite geworfen hat.

Aber er weigerte sich, wie ein besiegter Unfähiger zu seinem Vater zurückzukehren und sich um sein Erbe zu bewerben. Sein Stolz schreckte vor der Gewissheit zurück, dass sein Vater seine Rückkehr so sehen würde; Es muss einen Mittelweg geben. Am großen Tor zum Fabrikhof blieb er stehen, um noch einmal die riesigen Gebäude mit ihrem geschäftigen Treiben zu betrachten. In mehr als einer Hinsicht war dies seine Werkstatt.

Als er den steinernen Abhang hinunter zu dieser riesigen unterirdischen Wohnung ging, herrschte mehr als nur der übliche Trubel und die Verwirrung im Versandraum. Der kleine schrumpelige Mann mit der Hornbrille, der auf seiner langen Plattform vibrierte und die Rollen, Ballen und Kisten überprüfte, während sie in die Lastwagen geladen wurden, wirkte bereits müde und zerstreut. Sein dünnes Haar war vom Schweiß auf seiner knorrigen Stirn plattgedrückt, obwohl es noch nicht einmal acht Uhr war und eiskalte Luftzüge durch den Raum fegten, während die Türen unaufhörlich geöffnet und geschlossen wurden. Gruppen grinsender Chauffeure und Träger trieben sich in Ecken oder hinter Säulen herum und beäugten mit Vergnügen oder Gleichgültigkeit, je nach Fall, die geschäftige Energie und Besorgnis des kleinen Mannes.

Dieser Zustand hatte bereits zwei Tage gedauert, wie ein wahres Fest der Verwirrung. Adriance hatte es mit der völligen Gleichgültigkeit seiner Kameraden beobachtet, sich lediglich um die ihm übertragenen Pflichten gekümmert und es Mr. Cook überlassen, seine eigenen Schwierigkeiten zu lösen; aber heute Morgen zögerte er neben dem feurigen, strömenden kleinen Mann. Der kleine Mann erblickte sein nicht unsympathisches Gesicht und begrüßte ihn, indem er durch das Getümmel der Autos, ratternden Sackkarren, die von Trägern in blauen Hemden geschoben wurden, und den vielschichtigen Lärm des Ortes rief.

„Hier, Andy – du kennst New York, wie lange soll ich diesem Mann erlauben, zum Valparaiso-Dock zu gehen, zu entladen und zurückzukommen? Drei Stunden?"

„Zwei", antwortete Adriance und stieg neben seinem Chef auf die lange Plattform.

„Das geht nicht", widersprach der Chauffeur des wartenden Lastwagens mürrisch.

"Warum nicht?"

„Man lässt nicht zu, dass die Fähre hier nur jede halbe Stunde verkehrt, und auch nicht, dass der Verkehr auf der anderen Seite herrscht."

Der Ton war unverschämt und Adriance antwortete scharf, wobei er unbewusst als Tony und nicht als Andy sprach:

„Man kennt sich nicht aus, wenn man vorschlägt, diesen Weg zu gehen. Gehen Sie hier auf der Jersey-Seite entlang, wo der Weg frei ist, und nehmen Sie die Fähre in die Innenstadt, die alle zehn Minuten fährt. Und kommen Sie auf dem gleichen Weg zurück."

„Wer sind Sie –" begann der Chauffeur, wurde aber von Mr. Cook knapp überprüft:

„Tu, was dir gesagt wird, Pedersen, und wenn ich dich bei weiteren solchen Tricks erwische, wirst du gefeuert. Du hast zwei Stunden. Als Nächstes! Herman, belade deinen Lastwagen und fahre auf der gleichen Route und in der gleichen Zeit wie du hören?"

„Ja, Sir; aber –"

„Geh raus und ihr beide kommt zusammen rein."

„Entschuldigen Sie, Herr Cook;" sagte Adriance , während sein Blick den zweiten Lastwagen begutachtete; „Herman hat eine Ladung schwerer Sachen, er kann sie kaum in so kurzer Zeit entladen wie Pedersen."

Der kleine Mann drehte sich wütend zu ihm um.

„Geht nicht? Geht nicht? Sie müssen für zweite Fahrten zurückkommen."

„Dann gib ihm zwei zusätzliche Helfer."

Mr. Cook starrte ihn durch seine Brille an, dann drehte er sich um und rief den Befehl. Als er sich umdrehte, trocknete er seine Stirn und erleichterte sich durch einen Anflug von Selbstvertrauen.

„Es gibt eine Menge Sachen, die um drei Uhr mit dem Boot nach Südamerika gebracht werden müssen. Ein Eilauftrag, und das gerade, wenn wir mit anderen Lieferungen in Eile sind und Ransome Heimweh hat. *Ich* schicke die Lastwagen nie los; das tue *ich* nicht. " Ich weiß nicht, wann sie ankommen oder wie sie abfahren sollen. Ich habe auch meine ganze Arbeit damit, jede Sendung zu überprüfen, die ausgeht. Das ist zu viel, das geht nicht. Die Chauffeure spielen mit mir, ich Ich weiß, dass sie es sind. Schauen Sie sich das übrig gebliebene Zeug an, das gestern hätte rausgeholt und noch nicht bewegt werden sollen! Sie erzählen mir Lügen, dass die Motoren kaputt gehen; ich weiß, dass das Lügen sind; warum sollte die Hälfte der Lastwagen im Ort einfach kaputt gehen? wenn Ransome weg ist? Aber ich kann es nicht beweisen.

„Warum setzt man nicht einen Mechaniker in eine leichte Maschine, der zu jedem Lastwagen fährt, der eine Panne hat, und gibt dann den Befehl, dass jeder Mann, dessen Lastwagen anhält, sich sofort hier melden soll?" schlug Adriance vor .

Diesmal betrachtete Mr. Cook ihn eine ganze Minute lang unverwandt. Adriance nutzte die Aufmerksamkeit des anderen Mannes und schlug erneut zu:

„Möchten Sie, dass ich für diesen Tag Mr. Ransomes Platz einnehme? Ich kenne beide Städte ziemlich gut und ich kenne Ihre Männer. Einer der anderen Männer kann meinen Truck abholen, der Russe Mike zum Beispiel."

„Er kann nicht fahren."

„Ich bitte um Verzeihung, er fährt sehr gut; ich habe es ihm diesen Winter selbst beigebracht."

Der kleine Mann riss einen Telefonhörer von der Wand neben sich.

„Mr. Goodwin! Koch, Sir. Ich habe einen Mann hier, der vorerst Ransomes Platz einnimmt; einen unserer Chauffeure, Sir. Oh ja! Andy – ich habe seinen Nachnamen vergessen. Ihm geht es gut, ja. I „Ich brauche Hilfe. Ich komme mit den Männern nicht klar, Mr. Goodwin. Alles klar, vielen Dank, Sir."

Er wirbelte zu Andy herum. In den kurzen Momenten ihres Gesprächs hatte sich die Menschenmenge erschreckend verdichtet, und Mr. Cook blickte entsetzt auf die Unordnung.

„Geh rüber zu Ransomes Kiste", blaffte er; „Sie sind ernannt; und ich wünsche Ihnen Glück! Feuern Sie sie ab, wenn sie treten, und Sie können sich darauf verlassen, ich werde Sie unterstützen."

Ransomes Loge befand sich auf einem kleinen Steg im Erdgeschoss, sodass jedes Fahrzeug, das ein- oder ausfuhr, daran vorbeifahren und sich melden musste. Es war rundherum mit einem Geländer versehen und enthielt einen Schreibtisch, ein Telefon und einen Stuhl. Adriance zog seinen Mantel und seine Mütze aus, als er auf die kleine Anhöhe hinausging und seinen Platz einnahm. Die Männer, die in den Zimmern herumlungerten, richteten sich auf und starrten zu diesem Neuankömmling auf. Schon beim bloßen Anblick einer Autoritätsperson breitete sich in der Horde ein wenig Ruhe aus.

Der invalide Ransome wurde nicht mehr vermisst. Die Gelegenheit hatte Adriance an dem Tag heimgesucht, an dem er inspiriert wurde, sie zu ergreifen, und sich darauf eingestellt hatte, mit ihr übereinzustimmen. Er und seine Chauffeurkollegen waren sehr gute Freunde gewesen, aber nur weil ihre Arbeit für denselben Arbeitgeber sie zusammengebracht hatte. Keiner von ihnen hatte eine so enge Beziehung zu ihm gehabt, dass er das Gefühl hatte, dass seine gegenwärtige Situation sie beleidigte. In der Tat handelte es sich um eine gutmütige, fleißige Truppe, deren Zwischenrufe gegenüber Mr. Cook ebenso schädlich gewesen waren wie der Wunsch, aus der gegenwärtigen Situation einen bösen Vorteil zu ziehen.

Adriance selbst steckte eine Autorität , derer er sich durchaus bewusst war, eine persönliche Kraft, die mit der Übung wuchs. Er stand auf seiner Anhöhe und sandte einen Mann nach dem anderen mit klaren, vernünftigen Befehlen aus und notierte dabei die Entfernung, die Abfahrtszeit und die Zeit, die jedem für seine Besorgung zur Verfügung stand. Er machte jeden Mann mit der neuen Regelung bezüglich ausgefallener oder vorübergehend außer Betrieb gesetzter Maschinen bekannt und gab dies klugerweise als Befehl von Mr. Cook weiter. Als der Russe Mike mit Andys Truck vorbeikam, lächelte der große Mann den Mann am Pier an.

„Ich werde sie nicht kaputt machen", versicherte er ihm; „Ich schätze, ich bin ein ziemlich guter Fahrer?"

„ Natürlich bist du das", lachte Adriance und beugte sich vor, um ihm seinen Slip und einen aufmunternden Händedruck zu geben. „Du bist in Ordnung, Michael. Pass auf dich auf und denk daran, was ich dir über langsames Fahren gesagt habe."

"Sicher!" Ein Lächeln weitete die breiten Lippen. „Sagen Sie mal, ich schätze, es ist ziemlich gut, dass wir nicht auf diese Weise überprüft wurden, als wir diese Schauspielerdame trafen, ja?"

„Kümmere dich nicht um sie." Adriances Farbe errötete ein wenig. „Ich halte auch niemanden davon ab, die Zeit zu knapp zu machen; aber heute ist ein geschäftiger Morgen. Gehen Sie jetzt weiter."

Und Michael ging ruhig.

Der Raum begann sich zu klären, bevor der aufgeregte, nervöse Mr. Cook an einem Ende und die ruhige Leitung des jungen Mannes am anderen Ende des Raums sich bemühten. Adriance stellte bald fest , dass dies eine weitaus anspruchsvollere Arbeit war, als einen dieser Lastwagen zu fahren, die er so herrisch schickte . Denn er reichte nicht einfach jedem Fahrer einen Zettel mit seinem Ziel, wie es bei Ransome Brauch war. Unter diesem System wusste Adriance aus eigener Beobachtung, dass die Männer Stunden am Tag verschwendeten. Nur wenn ein Chauffeur die angemessene Zeit für seine Fahrt unverschämt überschritt, erhielt er eine sarkastische Zurechtweisung, die mit der Behauptung eines Motorschadens hinreichend beantwortet wurde. Die neue Methode wurde mit Erstaunen und einigem Stirnrunzeln aufgenommen, aber ohne Empörung. Anstatt dass jeder losgeschickte LKW erst in der Mittagsstunde zurückkam, wurden am Vormittag zwei oder sogar drei Fahrten absolviert. Es gab natürlich einige Beschwerden. Adriance unterbrach sie gleich zu Beginn. Trotz der Anstrengung hatte er Spaß.

Mitten am Vormittag, als die ursprünglich ausgesandten Lastwagen wieder eintrafen, verließ Cook für einige Augenblicke seinen Posten. Adriance sah ihn nicht gehen, und er bemerkte auch nicht, dass zwei andere Männer mit seinem vorübergehenden Kollegen zurückkamen und einige Zeit im Schatten der Säulenarkaden an der Wand stehen blieben und das Geschehen auf dem Boden beobachteten. Als Adriance gerade seine Zettelstapel sortierte , während das Kommen und Gehen ruhig war, ging einer dieser Männer zu seinem erhöhten Gehege.

„Guten Morgen", öffnete der Fremde.

„Guten Morgen", antwortete Adriance abwesend; Als er den Kopf drehte und seinen Besucher als einen gebrechlichen kleinen alten Herrn wahrnahm, bot er ihm den einsamen Stuhl an. Natürlich wusste er, dass sein Besucher mit der Fabrik in Verbindung stehen musste, und sei es nur aus der ruhigen Selbstsicherheit, mit der er seinen *Zwicker abstellte* und den jüngeren Mann musterte.

„Wie hält man das alles auseinander?" fragte er und deutete auf die Slips.

„Ordnen Sie sie in einer Reihe an, während die Männer ausgehen, und drehen Sie dann den Haufen um. Der erste, der herauskommt, sollte der erste sein, der hereinkommt", erklärte Adriance lächelnd. „Natürlich muss ich diejenigen zusammenhalten, die ungefähr die gleiche Distanz zurücklegen müssen. Ich weiß, das ist eine sehr grobe und fertige Methode, aber sie wurde unter dem Stress des Augenblicks entwickelt. Eine Reihe von Kisten mit einem Fach für Jeder entsprechend nummerierte Lastwagen wäre ein besserer Weg, der mir einfällt; aber natürlich bin ich nur ein vorübergehender Eindringling.

„Mein Name ist Goodwin; Mr. Cook hat mir nicht gesagt, dass Ihr Name …?“

Der Fabrikleiter und Mitarbeiter seines Vaters! Es war reiner Zufall, dass Tony und er sich noch nie im Haus von Adriance getroffen hatten . Aber Mr. Goodwin gehörte einer älteren Generation an als der ältere Adriance , sein Zuhause war in Englewood und er kam selten nach New York, außer aus geschäftlichen Gründen – die große Stadt war ihm zuwider. Nach seiner ersten Bestürzung erinnerte sich Adriance an etwas davon , und er schöpfte daraus so viel Trost, als er antwortete:

„Mein Name ist Adriance , Mr. Goodwin.“

„ Adriance ?“

„Ja, Sir. Das ist nicht so seltsam; ich glaube, ich bin ein entfernter Verwandter der New Yorker Familie.“ Er hatte eine verschwommene Erinnerung an einen witzigen Franzosen, der ein entfremdetes Mitglied seiner Familie als seinen „entfernten Bruder“ bezeichnete.

„Ich verstehe, ich verstehe; schließlich wiederholen sich auch etwas ungewöhnliche Namen ständig.“ Mr. Goodwin musterte den anderen im grellen künstlichen Licht, das die Sicht ziemlich verwirrte. „Aber entschuldigen Sie, Sie sprechen kaum wie ein Chauffeur.“

„Hängt das nicht vom Chauffeur ab?“ Adriance parierte freundlich. „Ich hoffe jedenfalls, dass ich es nicht mein ganzes Leben lang bleiben werde.“

„Ah – sicherlich. Herr Cook hat mich heute Morgen gebeten, hierherzukommen und die Verbesserung der Bedingungen zu beobachten „Schnell. Ich habe mich darauf gefreut, in den Ruhestand zu gehen, das tue ich tatsächlich“, hustete er ungeduldig und blickte vage durch den großen Raum. „Das ist jedoch nicht der Punkt. Ich möchte, dass Sie diese Position behalten, Adriance , zumindest bis Mr. Ransome sich erholt. Ich habe gehört, dass ihm eine Lungenentzündung droht.“

„Das würde ich gerne tun, Mr. Goodwin.“

„Vielleicht könnten wir ihn im Büro vorteilhafter einsetzen. Nun, wir werden zuerst Ihr System ausprobieren. Schreiben Sie eine Bestellung für alle Aktenschränke oder Geräte auf, die Sie für notwendig halten. Geben Sie sie Mr. Cook und ich werde persönlich dafür sorgen, dass alles geliefert wird.“ Dies ist ein kritischer Moment, von dem ein beträchtlicher Handel mit

Südamerika abhängen könnte. Cook erzählt mir, dass heute Morgen mehr Waren bewegt wurden als an jedem anderen Tag der letzten Zeit. Wir hatten darüber nachgedacht, mehr Lastwagen zu kaufen.

„Ich denke, das ist nicht erforderlich, Sir; ich wünschte, Sie würden es zumindest eine Woche lang versuchen, bevor Sie es tun. Es kommt nur darauf an, die vorhandenen Materialien in vollem Umfang zu nutzen. Ich glaube, dass neue Probleme mitwachsen." neue Institutionen, und ein Außenstehender kann die Lösung leichter erkennen.

„Ja? Junges Blut im Geschäft, meinen Sie? Vielleicht, vielleicht."

Zwei Lastwagen donnerten in den Ort und bis zu Adriances Posten. Als er mit ihnen fertig war und sie zu Cooks Ende des Zimmers schickte, wandte er sich wieder an Mr. Goodwin; aber dieser Herr, zufrieden mit den verbesserten Bedingungen, betrat bereits den Aufzug, um zu seinen eigenen Büros oben zurückzukehren.

„Dreiundsiebzig, das alte Top ist", bemerkte Cook und rannte hinüber, um seinem Kollegen eine Menge Memoranden zu reichen. „Schick wie eh und je, aber nicht auf dem neuesten Stand, das ist alles. Hier – diese zum Dock, diese zu den Erie Yards; diese direkt zum Dekorateur auf der Fifth Avenue, der darauf wartet – es ist eine besondere Designlandschaft." -Papier für einen Club-Grillraum auf Long Island. Beeilen Sie sich mit dem Papier zum Dampfer – Long Island und Buffalo können warten.

„Du warst wirklich nett, mir auf diese Weise zu helfen", sagte Adriance . Er nahm den Zettel und betrachtete den kleinen Mann mit einem Blick, in dem sich viele Gedanken trafen. Bei einem davon lächelte er, und sein Gesicht wurde für einen Moment warm und freundlich, was Cook ziemlich erschreckte.

„Du hast mir heute Morgen aus der Klemme geholfen, indem du dich ehrenamtlich gemeldet hast", antwortete Cook etwas abrupt. „Ich habe ihn nur gebeten, vorbeizukommen und zu sehen, wie es läuft. Du sollst hier weitermachen?"

„Ja, vorerst."

„Freut mich! Haben Sie diese Art von Arbeit schon einmal gemacht?"

„Umgang mit Lastwagen?"

„Nein; Umgang mit Männern."

Adriance überlegte.

„Nur auf einer Yacht, glaube ich."

Eine Gruppe von vier Lastwagen kam herein. Draußen begann eine Pfeife zu ertönen; andere schlossen sich dem Lärm an, und ein Gong hallte schwer durch das zeitweilige Beben des von Maschinen überfüllten Gebäudes. Zwölf Uhr! Cook eilte mit der überraschenden Schnelligkeit der wahren Arbeiter zu seinen eigenen Männern, die untätig geworden waren; und die Prüfung wurde beendet. Adriance sah voraus, dass es wieder losgehen würde, aber er war gleichgültig. Es kümmerte ihn kaum, wie bald sein Vater ihn entdeckte, da er beschlossen hatte, seinen Vater aufzusuchen, sobald er seinen Weg etwas klarer sah.

Er war zutiefst erfreut und begeistert über den Erfolg dieses Morgens. Das gab ihm Selbstvertrauen und ermöglichte es ihm, eine Beteiligung an der Leitung der Fabrik zu beantragen und seinem Vater etwas Konkreteres zu bieten als die bloße Behauptung, er sehe Verbesserungsbedarf. Er hatte tatsächlich etwas erreicht. Er würde viele tausend Dollar sparen, indem er die vorhandenen Maschinen nutzte, anstatt mehr teure Lastkraftwagen zu kaufen, mit deren Unterhaltskosten, zusätzlichen Chauffeuren und der unvermeidlichen Verschlechterung durch den Gebrauch.

Er ging an die kalte, frische Luft, um einen Blick auf die Sonne zu erhaschen und seine Hitzewallung der Zufriedenheit abzukühlen. Er dachte mit einer Leidenschaft voller Zärtlichkeit und Triumph an Elsie. Er beschloss, ihr nichts von seinen Plänen zu erzählen, bis sie sich sicherer waren. Er muss beginnen, sie vor Aufregung oder möglicher Enttäuschung zu schützen. Nein, er wollte nicht über die Versöhnung sprechen, die er mit seinem Vater erreichen wollte; Noch nicht. Aber natürlich erzählte er ihr von seiner neuen Position in der Fabrik, und sie freuten sich gemeinsam darüber. Adriance beschloss, dass er warten würde, bis ihr Abendessen beendet und abgeräumt war, dann würde er sie neben sich in den Feuerschein ziehen und sie in Erstaunen versetzen.

Auf der anderen Straßenseite stand ein kleiner Lunchwagen, der häufig von Chauffeuren, Schaffnern und Fährleuten frequentiert wurde. Er ging dorthin, um zu Mittag zu essen, wie er es immer tat, wenn ihn der Mittag in der Nähe der Fabrik antraf. Es kam ihm so vor, als gäbe es bereits einen kleinen Unterschied in der Art und Weise, wie die Kollegen, die er dort vorfand, ihn behandelten. Sie schienen bereits zu spüren, dass er sich von ihnen entfernte – er hatte sozusagen die obere Spur eingeschlagen. Tatsächlich spürte er eine Veränderung in sich, die nicht zu leugnen war. Es war keine Arroganz, sondern lediglich die Gewissheit eines Mannes, der einen klaren Weg vor sich sieht und ihn bis zu seinem eigenen Ziel verfolgt; er hatte von Tag zu Tag aufgehört zu leben.

Aber er war sich ziemlich sicher, dass er diesen Tag nie vergessen würde. Wenn er einen Sohn hätte , würde er ihm davon erzählen, wenn er erwachsen

wäre. Und er würde seinem Sohn als Wegweiser zu dieser Genugtuung über
die geleistete Arbeit dienen, damit er sie nicht ganz versäumt, wie es Tony
selbst beinahe getan hätte. Es sollte keine wertlosen Adrianzen geben .

KAPITEL XIII

WAS TONY GEBAUT HAT

Durch einen Zufall kam Masterson an diesem Tag; Fast zu der Stunde, als Adriance , müde und frohlockend, eine Struktur aus guten Träumen aufrichtete, während er sein billiges Essen an der Theke des Imbisswagens im Schatten des riesigen elektrischen Schildes mit seinem Namen aß.

Der Morgen war gegen Mittag gekommen, als Elsie durch das Klingeln der Glocke zu ihrer Haustür gerufen wurde; Einer dieser kleinen Gongs, die vor Jahren so beliebt waren und bei gezogenem Griff einrasten. Unten am Ende des geraden Weges hörte sie Gelächter und die hohen Stimmen von Frauen über dem leisen Rollen eines Automotors. Überrascht öffnete sie die Tür.

Vor ihr, auf der hohen, absurden kleinen Veranda, stand ein Mann im Autopelz und hielt sich am schneebedeckten Geländer fest. Als er von einer Frau konfrontiert wurde, hob er seine Mütze, und ein Sonnenstrahl, der durch das alte Dach drang, glänzte über seine kurzgeschnittenen kastanienbraunen Locken.

„In dem kleinen Laden wurde mir gesagt, dass hier ein Chauffeur wohne“, erklärte er freundlich. Der Glanz der Sonne auf dem Schnee blendete seine erste Vision. „Unser Druckluftsystem ist außer Betrieb und mein Mann hat vergessen, eine Handpumpe einzubauen. Ich –“

Seine Stimme verstummte. Er hatte ihr Gesicht gesehen.

„Elsie?“ er zweifelte. „Elsie?“

Sie lächelte ihn mit ihrer gelassenen Gelassenheit an, obwohl die erschreckte Bewegung ihres Blutes tiefe Röte über ihr Gesicht huschte.

„Frau Adriance “, korrigierte sie. „Kommen Sie nicht rein? Es tut mir leid, dass Mr. Adriance nicht zu Hause ist.“

Er überschritt mechanisch die Schwelle, sein Blick ließ sie nicht los.

„Ich habe es nicht geglaubt“, rief er leise. „Ich dachte, Lucille hat gelogen.“

„Herr Masterson!“

Er schüttelte ablehnend den Kopf und musterte sie weiter. Er sah aus wie ein Mann, der durch Trunkenheit oder Krankheit Fieber hatte; Seine Augen leuchteten hinter einer oberflächlichen Glasur, sein Gesicht war eingefallen und dennoch gerötet. Seine Gesichtszüge, die immer von einer Feinheit waren, die fast an Weiblichkeit erinnerte, hatten sich zu einer extremen Zartheit verschärft, die weder Gesundheit noch Ausdauer versprach.

„Sie sagten mir, dass hier ein Chauffeur wohnte", sagte er schließlich.

„Anthony ist ein Chauffeur", antwortete sie, und ihre Stimme war sehr sanft aus Mitgefühl für die Veränderung in ihm. „Aber ich fürchte, wir haben kein Autowerkzeug zum Ausleihen. Alle diese Dinge werden in der Fabrik oder in der Maschine aufbewahrt, die er fährt."

Mit einer ungeduldigen Handbewegung wischte er das Thema Automobile beiseite und drehte sich langsam um, um sich im Raum umzusehen.

In den letzten Monaten hatte dieser Raum viel Trost spenden können; und noch etwas mehr. An den Fenstern hingen scharlachrot geblümte Vorhänge, die den lebendigen Duft des blühenden scharlachroten Salbeis auf den Fensterbänken widerspiegelten. Ein Bücherregal war aufgestellt; Darunter befanden sich auf einem kleinen Tisch die Schachfiguren aus Jade und Elfenbein, die in Kampfformation auf ihrem Feld aufgestellt waren. Wie immer glühte das Feuer, und auf dem Herd räkelte sich die Katze schläfrig. An diesem Ort herrschte Fröhlichkeit, eine Atmosphäre der Kameradschaft und der sicheren Liebe; und der Pulsschlag von allem war das Mädchen, das dastand, ruhig im Blick, reich an Leben und schön vor Gesundheit, Prinzessin in ihrem eigenen Reich.

Masterson blickte sie am längsten an, sein hübscher, bitterer Mund war seltsam verzerrt.

„Du bist anders", verkündete er schließlich.

"Ich bin sehr glücklich."

„Glücklich? Hier? Du hast den Sohn eines Millionärs geheiratet, um hier zu leben?"

„Ich habe geheiratet, um mit meinem Mann zusammenzuleben", korrigierte sie ihn stolz.

Wieder blickte er sich um und lachte plötzlich mit einem überlauten Mangel an Kontrolle, den man bei einer Frau als hysterisch bezeichnet hätte.

„Tony Adriances Haus!" „, schrie er und schlug seine behandschuhten Hände aneinander. „Tony – müßiger Tony, lockerer Tony, Tony der Tees und Tangos – Tony hat das gebaut! Warum –", er beugte sich zu ihr. „Du hast die Arbeit mit Gott in Einklang gebracht, Elsie Adriance ; du hast einen Mann geschaffen!"

Sie zog sich zurück, entsetzt über die kühne Respektlosigkeit. Er lachte erneut über ihren Gesichtsausdruck.

„Glaubst du, ich habe das falsch gemeint? Das habe ich nicht getan. Ich weiß genau, wie Tony vorgeht und wie ich bin. Das heißt, wenn er sich daran hält!

Hast du nie Angst, dass er es nicht tun wird? Keine Angst, dass er zurückdriftet." zu den einfacheren Wegen?"

„Nein", bestätigte sie. Ein strahlender Glanz erhellte ihre selbstbewussten Augen. Sie trug in ihrem Herzen das, was Anthony und sie für immer eins machte. Mit der Angst war Schluss; es jagte nicht mehr wolfsartig ihr Glück.

„Nein? Glaubst du, dass er sein ganzes Leben damit zufrieden sein wird, während seiner Flitterwochen Chauffeur zu sein? Ich werde etwas Anständiges tun, Elsie; ich werde dir helfen, Tony Adriance für dich zu gewinnen . Nein, protestiere nicht. Ich werde euch beiden meine Hilfe aufzwingen, ob gewollt oder nicht. Ihr könnt ihn nicht für immer von New York fernhalten! Schickt ihn heute Abend dorthin, zu mir, und ich werde zu Ende bringen, was ihr begonnen habt. "

Erstaunt und bestürzt zog sie sich von seiner Dringlichkeit zurück.

„Entschuldigung", begann sie mit einer steifen Ablehnung.

Er unterbrach sie vor Ungeduld.

„Dann hinterlasse ich ihm eine Nachricht. Sieh nicht so aus. Ich möchte nur, dass er mich in einem öffentlichen Restaurant trifft. Kannst du mir nicht vertrauen?"

"Du verstehst nicht."

„Ich verstehe mehr als du", erwiderte er unverblümt. „Aber wenn ich falsch liege, wird kein Schaden angerichtet. Ich möchte ihn auf jeden Fall sehen. Hast du Angst vor mir?"

"NEIN."

"Na dann--?"

Er zog seine Handschuhe aus und holte eine Karte und einen Füllfederhalter aus der Tasche. Elsie sah ihm hilflos zu, während er schrieb, und unwillkürlich fröstelte sie, weil die alte Angst wieder aufkam. Konnte sie Anthony nicht einmal jetzt festhalten? Sie versuchte sich umzusehen und stärkte ihren Geist mit all den prosaischen Beweisen ihres gemeinsamen Lebens. Schließlich kannte Masterson „Tony"; er wusste nichts über den Mann, der Anthony war.

Sie konnte dem Blick ihres Besuchers mit gewohnter Ruhe begegnen, als er ihr die Nachricht, die er geschrieben hatte, in die Hand drückte.

„Sag ihm, er soll kommen", drängte er. „Hast du vergessen, dass er und ich Freunde waren? Und ich werde dir immer dankbar sein, dass du Holly liebst. Wusstest du, dass ich Holly verloren hatte?"

Sie erbleichte, das Babygesicht erschien vor ihr.

„Hat ihn verloren! Nicht-—?"

„Tot? Nein. Ich bin derjenige, der tot ist, um es in der Umgangssprache auszudrücken."

Sein Lachen war bitter wie Quassia; Er drehte seinen Kopf zum Klang der Autohupe, die ihn rief.

„Ein Toter!" er wiederholte. „Ich muss gehen, Mrs. Adriance . Aber schicken Sie Tony heute Abend rüber."

Beim letzten Wort schloss sich die Tür. Elsie hörte die hohen, ziemlich schrillen Stimmen der Frauen, die Gruß und Ungeduld riefen; dann klang Mastersons Antwort in einer Tonart angespannter Fröhlichkeit. Der Motor heulte unter der Hand des Chauffeurs. Sie machten sich auf den Weg; offenbar wurde eine Möglichkeit gefunden, den Reifen aufzupumpen.

Der Frieden von Elsies Tagen war mit ihnen vergangen. Die Veränderung in Masterson machte ihr Angst; die Seltsamkeit seines Verhaltens und seiner Einladung erfüllten sie mit Besorgnis. Etwas war falsch; etwas, das sie weder erraten noch verstehen konnte. Warum hätte er so über Holly sprechen sollen? Warum wollte er Anthony heute Nacht?

Party im Restaurant teilnehmen ? Diese Idee kam später. Die bloße Möglichkeit eines solchen Ereignisses bestimmte Elsies Entscheidung; Sie würde Anthony nicht zu dem gewünschten Treffen schicken. Sie würde Mastersons zufälligen Besuch unbemerkt bleiben lassen.

Aber als der Abend kam und mit ihm Adriance , rot vom Märzwind, jungenhaft hungrig und fröhlich; Als er seine Frau in die Arme nahm und sie mit der tiefen Zärtlichkeit küsste, die der Morgen ihrer ersten Liebe verliehen hatte, wusste Elsie es besser. Besser jedes Unglück als die Barriere der Täuschung zwischen ihnen. Und sie erinnerte sich rechtzeitig daran, dass es nicht an ihr lag, ihm sein Recht auf Entscheidung und freien Willen zu entziehen.

Sie wartete, bis das Abendessen gegessen war und das blau-weiße Geschirr wieder in seinem Regal neben dem Zehn-Cent-Ladenporzellan glänzte .

„Sollen wir mit unserem Buch weitermachen?" Adriance schlug vor, als seine Pfeife angezündet wurde. Jetzt, da der Moment gekommen war, gefiel es ihm, die Überraschung, die er für sie bereithielt, auszunutzen, um seine geheimen Inhalte zu verlängern. Er streckte sich genüsslich in seinem Sessel aus. „Herr, es ist schön, nach Hause zu kommen! Komisch, ich habe mich nie besonders für Bücher interessiert, bis wir angefangen haben, laut vorzulesen, nicht wahr? Es macht mir nichts aus, Mädchen. Ich möchte morgen etwas zusätzliche Arbeit erledigen.

Sie kam eher langsam zu ihm.

„Mr. Masterson war heute hier", sagte sie widerstrebend. „Er kam zufällig vorbei, um sich etwas für sein Auto zu leihen. Ich glaube, es war eine Reifenpumpe. Natürlich war er überrascht, mich zu finden. Und das hat er für Sie hinterlassen."

Erstaunt nahm er die Karte und zog sie neben sich herunter; und sie lasen die Nachricht gemeinsam. Es war sehr kurz, hatte aber irgendwie eine zwingende Kraft. Masterson forderte seinen Freund auf, an diesem Abend in den Ballsaal eines bestimmten Restaurants zu gehen, das jeder New Yorker kennt, und dort zu warten, bis er, Masterson, zu ihm gesellte.

Nach der Lesung gab es eine Pause. Adriance starrte mit verwirrter Stirn auf die Karte, während Elsie sein Gesicht voller Spannung beobachtete.

„Jetzt wäre es sowieso zu spät", murmelte sie zögernd. "Es ist acht Uhr."

Adriance erwachte und lachte.

„Oh, Unschuld! Dieser Ballsaal öffnet erst um elf, schöner Fremdling. Aber du solltest dich besser vorbereiten, denn wir haben noch eine ziemlich respektable Entfernung vor uns. Hier endet unser ruhiger Abend!"

„Wir? Du würdest mich mitnehmen?"

Er betrachtete sie neugierig.

„Hast du gedacht, dass ich ohne dich gehen würde? Wir müssen gehen, denn Fred meint es so; ich kenne ihn gut genug, um es zu sagen. Ich fürchte, er steckt in irgendwelchen Schwierigkeiten."

Elsie schloss für einen Moment die Augen und meisterte ihre leidenschaftliche Erleichterung. Sie öffnete sie für einen neuen Gedanken.

„Anthony, ich habe keine Kleidung für so einen Ort."

„Ich auch nicht", tat er die Angelegenheit ruhig ab. „Wir werden in Straßenkostümen gehen. Das macht nichts, da wir nicht tanzen wollen. Kannst du übrigens tanzen?"

"Sicherlich."

„Die neuen Tänze?"

„Einige von ihnen", ein Grübchen störte ihre glatte Wange. „Nicht das ganz Neue."

„Nun, ich werde es dir beibringen. Aber du wirst nur mit mir tanzen“, stellte er abschließend fest.

Absurd glücklich über das eifersüchtige Verbot machte sie sich daran, sich fertig zu machen.

Elsie Murray hatte ein Kleid besessen, das Elsie Adriance nie getragen hatte. Es war ein Jahr alt, eines, das sie aus ihrer fernen Heimat mitgebracht hatte, aber so einfach gemacht, dass es immer noch in Mode sein würde. Es war ein Nachmittagskleid, kein Abendkleid; eine eng anliegende, schwarze Hülle aus Chiffon und Netz, die ihre Arme bedeckte, aber die cremige Säule ihres Halses freiließ. Die wolkige Dunkelheit spiegelte die dunkle Weichheit ihres Haares wider und ließ ihre klare, gesundheitlich schöne Gesichtsfarbe hervortreten. Als sie es in das Zimmer trug, in dem ihr Mann wartete, begrüßte er sie mit einem Pfiff der Überraschung und Freude.

„Eine Dame!“ er stimmte zu. „Was meintest du damit – keine Kleidung? Habe ich das schon einmal gesehen?“

„Nein. Magst du mich so?“

Er legte seine Hände auf ihre Schultern und sah ihr in die Augen.

„Natürlich. Aber weißt du nicht, dass es egal ist, was du trägst oder hast?“ er hat gefragt. „Wir sind darüber hinausgekommen, du und ich.“

Sie gingen zur Fähre; Zwei Meilen durch die kalte Dunkelheit. Aber sie empfanden die Reise als Vergnügen und nicht als Strapaze. Elsie hatte Anthony ihre Kunst beigebracht, aus jeder Erfahrung Spaß zu machen. Auf der Fähre hatten sie das alleinige Eigentum an Deck. „Mollycoddles“, rief Elsie die Passagiere, die sich in den Kabinen drängten. Der Wind färbte ihre Wangen und Lippen scharlachrot, als sie sich über die Reling beugte und das Knirschen des Treibeises unter den Bootswänden hörte. Die beiden lösten zwischen ihnen ein gewisses Gefühl einer arktischen Reise aus. Anthony bestand ernsthaft darauf, dass er auf einer Eisscholle einen Eisbären gesehen hatte. Sie waren glücklich genug, Unsinn zu genießen; und aufgeregter über das bevorstehende Treffen und den Ort des Treffens, als einer von beiden zugegeben hätte.

KAPITEL XIV

DER KABARETTTÄNZER

Es war elf Uhr, als sie die Drehtür des vereinbarten Restaurants betraten und in der Lobby einer Gruppe herumlungernder Kellner gegenüberstanden; Diener mit zynischen Augen, allesamt. Tony Adriance wurde von diesen mit belebender Schnelligkeit anerkannt; Sofort wurde er umzingelt, mit Namen angesprochen und ihm wurden dienstliche Pflichten auferlegt. Für das Mädchen war es seltsam, ihn an diesem Ort, an dem sie noch nie gewesen war, so vertraut zu sehen; seltsam und ein wenig beunruhigend. Aber ihre ernste Haltung war ungestört. Sie ließ ihren einfachen Hut und Mantel bei einem Dienstmädchen zurück, da sie wusste, dass sie für den Ort und die Stunde ungeeignet waren.

Sie betraten nicht den überfüllten Raum zu ihrer Rechten, in dem ein Orchester alle anderen und kleineren Geräusche mit einem krachenden Schritt übertönte. Stattdessen stieg Anthony eine glänzende Marmortreppe mit einer mit Plüsch gepolsterten Balustrade und zu viel Vergoldung hinauf. Elsie betrachtete sich in regelmäßigen Abständen neben ihm in Spiegeln, die in die Wand eingelassen waren.

Die Treppe endete in einer Halle mit Arkaden, hinter der sich ein langer, strahlender Raum befand, der beim Abendessen bequem mit Menschen gefüllt war. Gefüllt, das heißt seiner Anordnung entsprechend: Der gesamte zentrale Raum aus glänzendem, eisglattem Boden war leer, die Tische waren um die vier Wände herum angeordnet. Die Gäste hier trugen größtenteils Abendkleidung, so dass der Raum in Farben erstrahlte, zart, lebendig oder grell, ganz wie es der Geschmack des Besitzers vorgab. Hier herrschte vergleichsweise Ruhe; Die Stimmen und das Gelächter waren leiser als unten.

„Ist Mr. Masterson hier?" Anthony befragte den Oberkellner, der dem ankommenden Paar entgegen eilte.

„Noch nicht, Mr. Adriance ", antwortete der Mann respektvoll. „Um zwölf kommt er. Darf ich Ihnen einen Tisch zeigen, Sir?"

„Ja. Nicht zu nah an der Musik – Mrs. Adriance und ich wollen einander sprechen hören."

„Sicher, Sir. Die Trommel *wird* laut sein, Sir; aber den Tänzern gefällt es."

Elsie bemerkte den Seitenblick des Mannes voller respektvoller Neugier und Interesse, der sich auf sie selbst richtete, und verstand, warum Anthony sie absichtlich als seine Frau identifiziert hatte. Der Stolz wärmte sie und die Liebe zu seiner Rücksichtnahme auf sie; plötzlich konnte sie die Szene um sich herum genießen. Sie fühlte sich nicht verunsichert, selbst als die aufwändig gekleideten und frisierten Frauen sie abschätzend ansahen, als sie an ihren Tischen vorbeiging. Sie blickte zu ihnen zurück, gelassen und selbstsicher. Sie war sich überhaupt nicht bewusst, dass viele der Männer sie mit verblüffter Bewunderung anstarrten, einem Besucher, der dieser Atmosphäre fremd war. Adriance sah jedoch gut genug. Elsie hatte eine unschuldige, würdevolle Haltung, die zusammen mit ihrem ernsten, aufrichtigen Blick nicht wenig imposant wirkte. Darüber hinaus wirkten ihre reine, helle Farbe und ihre klaren Augen neben den künstlichen Schönheiten beunruhigend natürlich. Besitzstolz erfüllte ihn angenehm; Daran hatte er weder gedacht, noch hatte er mit dieser Emotion gerechnet.

Als die beiden einander gegenüber saßen, war der Blick, den sie austauschten, von glühender Zufriedenheit. Adriance bestellte das Abendessen mit Appetit und einer guten Kenntnis ihres und seines Geschmacks. Dann lächelten sie einander entspannt an. Die Extravaganz des Festes spielte keine Rolle. Die völlige Einfachheit ihres Alltagslebens machte Anthonys Gehalt mehr als ausreichend; Sie verfügten bereits über die Ressource eines Bankkontos.

Bisher hatte es keine Musik gegeben, außer schwachen Echos aus dem Raum darunter. Jetzt ertönte ein zartes Klirren der Streicher, das sich von einer einzigen Note zu einer vollen Moll-Walzermelodie steigerte. Elsie drehte sich um und sah die Musiker. Sie waren Neger; keine Band oder ein Orchester, nur ein Pianist, zwei Männer mit Mandolinen und ebenso viele mit Banjos und einer, der mit erstaunlicher Geschicklichkeit eine ganze Reihe von Tonproduzenten managte; eine Trommel, Becken, Glocken, ein Gong, sogar eine Autohupe. Von einem Instrument zum anderen, wie es der Charakter des Stücks erforderte, flogen die Hände und Füße dieses Interpreten mit Präzision und lächerlicher Geschwindigkeit. Aber die Musik war mehr als gut, sie war einzigartig, inspiriert; es fesselte die Füße und die Sinne. Überall war das Kratzen von zurückgeschobenen Stühlen zu hören, während Männer und Frauen aufstanden, um dem Ruf zu antworten. In einem kurzen Moment verwandelte sich der Ort von einem Restaurant in einen Ballsaal.

Es war ein Ballsaal, den Elsie Adriance weder in Louisiana noch in New York erlebt hatte. Die Frauen waren in der extremen Mode eines Jahres gekleidet, in dem alle Mode extrem war. Als die Tänzer in den anmutigen, zögernden Schritten des letzten neuen Walzers vorbeischwankten, gab es Offenbarungen – von tief ausgeschnittenen Vorhängen, von bis zu den Knien durchsichtigen Röcken, mit bandgeschnürten Pantoffeln an der Ferse und einer Schnalle, die durch den dünnen Schleier blickte aus getöntem Chiffon oder Spitze. Die Szene hatte eine orientalische Offenheit, ohne aufdringlich oder derb zu sein. An den Tischen wurde viel Wein und Liköre getrunken, aber es war noch kein offensichtlicher Rausch zu erkennen. Einige der Frauen, die nicht tanzten, rauchten Zigaretten, während sie sich mit ihren Begleiterinnen unterhielten; Nicht wenige von ihnen hatten weißes Haar und waren offensichtlich angesehene und respektvolle Matronen.

"Was denkst du darüber?" erkundigte sich Adriance , nachdem er seine Frau mit schelmischem Blick beobachtet hatte.

„Ich weiß es nicht", gestand sie langsam. „Weißt du, ich bin ein Fremdling. Aber ich bin nicht so dumm, dass ich es zu sehr missverstehen würde. Diese Leute sind – in Ordnung?"

„Ja, die meisten von ihnen. Das ist das Publikum nach dem Theaterbesuch. Einige kommen von der Bühne, andere aus dem Publikum. Diese Dame in grünem Chiffon, die aussieht, als hätte sie vergessen, die meisten ihrer Kleider anzuziehen, ist die Frau von einem." von den Geschäftspartnern meines Vaters. Haben Sie gesehen, wie sich ihr Mann vor uns verbeugte, als wir eintraten? Das kleine schwarzäugige Mädchen im schwarzen Samtanzug am Nebentisch ist La Tanagra, die in einem Meter Entfernung klassische Tänze aufführt rosa Schleier. Sie ist auch ein sehr nettes Mädchen. Natürlich, einige von ihnen –" Er zuckte mit den Schultern.

Die Musik verstummte. Durch eine Schar lachender, erröteter Menschen, die zu ihren Tischen zurückkehrten, beendete ein Kellner eine schwierige Passage mit dem ersten Gang des Abendessens, das Adriance bestellt hatte.

Mit fortschreitender Stunde betraten die Gäste den Raum in einem dünnen, stetigen Strom. Aber von Masterson war nichts zu sehen. Elsie fragte sich, was er sagen würde, wenn er sie mit Anthony treffen würde. Würde er wütend, gleichgültig, verunsichert sein? Vielleicht würde er nicht alleine kommen.

Plötzlich ertönte ein scharfer, herrischer Klang von Becken, der das Stimmengemurmel und das Gelächter zum Schweigen brachte. Elsie schreckte aus ihrer Gedankenwelt zurück und sah, wie sich alle Augen auf die Mitte des Raumes richteten.

„Demonstrationstanz", lächelte Adriance . „Jetzt wirst du etwas sehen!"

Ein kleiner, dunkler Mann und eine Frau in gelber Gaze, durch die ihre nackten Knie mit Grübchen zu sehen waren, standen allein auf dem Boden. Beim zweiten Klang der Becken schwebten sie mit der Musik in einen seltsamen, halb spanischen, halb wilden Tanz; ein Tanz, kraftvoll, sogar grob lebendig und schnell wie ein Flug. Die Frau war nicht schön, aber sie war unglaublich anmutig. Ihre kleinen, gewölbten, blinkenden Füße in den vergoldeten Pantoffeln erinnerten Elsie an einen halb vergessenen Satz.

„Und ihre Sandalen entzückten seine Augen –"', zitierte sie laut. „Erinnerst du dich daran, Anthony?"

Aber Adriance lachte sie aus.

"Säugling!" er spottete. „Warte, bis du es so oft gesehen hast wie ich, dann lässt du dein Abendessen nicht kalt werden. So, es ist vorbei!"

Es war. Der Tanz endete damit, dass die Tänzer einander in den Armen lagen, die Blicke zusammenzogen und sich die Lippen fast berührten. Der Applaus war höflich. Das Publikum war, wie Adriance , zu kultiviert, um sich sofort begeistern zu lassen. Es war wirklich lieber, selbst zu tanzen.

Der Vorzug wurde in der nächsten halben Stunde befriedigt. One-Step, Foxtrott und ein Lulu-Fado folgten in fließender Abfolge. Der Raum war jetzt sehr voll. Bei ein oder zwei Parteien zeigte sich zu viel Heiterkeit.

„Ich wünschte, Fred würde kommen" , bemerkte Adriance mit einem unruhigen Blick auf die lauteste Gruppe. „Ich möchte nicht, dass du lange nach Mitternacht hier bist. Ich frage mich —"

Er wurde von einem zweiten Klang dreister Becken unterbrochen, der das Geplapper und die Bewegung der Menge unterdrückte. Mit dem rauen, resonanten Klirren, und auch nachdem es verstummt war, ertönte der sanfte Schlag einer Uhr, die zwölf schlug.

Diesmal stieß die Ankündigung auf ein entschiedeneres Interesse. Tatsächlich ging ein deutlicher Nervenkitzel durch den Raum. Männer und Frauen ließen Gabeln und Gläser zurück und wandten sich eifrig dem Eingang zu. Es herrschte weiterhin deutliche Stille im Ort.

„Irgendeine Berühmtheit", interpretierte Adriance ungeduldig. „Zum Teufel mit Mastersons Launen — warum konnte er mich nicht zu Hause sehen? Jetzt kann er nicht rein, bis das hier vorbei ist."

Die Musik hatte begonnen — eine betörende, träge Ballettsuite aus einer berühmten Oper. In den großen, quadratischen Bogen der Tür schlüpfte ein Mädchen und stand auf.

Sie war ein mürrisches, großartiges Geschöpf, als sie dem Publikum gegenüberstand. Ihr voller, roter Mund hatte gerade Lippen und erwiderte den Begrüßungsapplaus nicht mit einem Lächeln. Es war nicht vorstellbar, dass ein Grübchen die feste Rundung ihrer geschminkten Wange durchbrechen würde. Elsie dachte, sie hätte noch nie eine Frau gesehen, die so unbestreitbar gutaussehend war oder der es an weiblicher Anziehungskraft mangelte. Berge von seidenschwarzem Haar umrahmten ihr Gesicht und wurden von juwelenbesetzten Bändern gehalten; Ihre Korsage war gefährlich tief und wurde von schmalen Brillantschnüren über ihren kräftigen, glatten, weißen Schultern an Ort und Stelle gehalten. Ihre Röcke waren die des konventionellen Balletts: wogender, glitzernder rosafarbener Tüll. Als sie zu tanzen begann, erfassten ihre Augen, die hinter ihren dunklen Wimpern sehr groß und dunkel waren, die Zuschauer mit düsterer Wachsamkeit. Elsie spürte, wie der Blick über sie wanderte und auf Anthony ruhte. Ja, ruhen Sie sich dort aus, für einen Moment fester Aufmerksamkeit! Aber Adriance zeigte gegenüber dem fragenden Blick seiner Frau keine Veränderung seines Gesichtsausdrucks; er beobachtete die Tänzerin mit gelassenem Interesse, ohne den Anschein zu erwecken, ihn wiederzuerkennen.

Es war ein merkwürdiger Tanz, der ebenso einzigartig an weiblicher Anziehungskraft mangelte wie die Schönheit des Mädchens. Dennoch war es anmutig und klug. Sie bückte sich und schwankte durch das Zimmer, mit einer einstudierten Koketterie, die so kalt wie Gleichgültigkeit war; Ab und zu posierte sie mit einer Rose, die sie hob, um Lippen oder Wange zu berühren. Das Publikum schaute mit einer anhaltenden Spannung des Interesses zu, die die Aufführung nicht zu rechtfertigen schien. Elsie bemerkte, dass die Männer lachten oder eine leichte Verlegenheit zeigten, wenn sich die Tänzerin zu ihnen beugte, aber die Frauen klatschten begeistert und warfen lächelnde Blicke zu. Was wussten diese Leute, was sie und Anthony aber nicht wussten? Da war etwas--

Direkt gegenüber der Adriances war der Tänzer bei der Ausführung eines komplizierten und schwierigen Schrittes ausgerutscht. Sie taumelte und fing sich auf, aber nicht bevor sie schwer gegen Elsies Stuhl taumelte.

"Begnadigung!" Sie keuchte mit leiser Stimme. „Der Boden ist zu poliert!“

Für einen Moment schauten ihre Augen voll in die von Elsie, und sie waren nicht dunkel, sondern von einem sehr hellen Blau. Die Berührung ihres nackten Arms und ihrer nackten Schulter hinterließ einen Streifen weißen Puders auf dem Ärmel der anderen; Ein starker Heliotropduft wehte aus ihren Kleidungsstücken. Bevor Adriance aufstehen konnte, war sie weg.

„Verdammte Ungeschicklichkeit!“ rief er mit unterdrückter Wut. „Hat sie dir wehgetan, Elsie?“

„Nein. Oh nein! Anthony, ich kenne sie – ich kannte ihre Augen.“

Er starrte seine Frau an.

"Du kennst sie!"

„Ich habe ihre Augen erkannt. Ich weiß nicht, wer sie ist, ich kann nicht denken, aber ich kenne sie. Sie kannte mich auch; ich habe es in ihrem Gesicht gesehen. Und ich glaube, sie kennt dich.“

„Elsie!“

„Sie sah aus – Warte, sie ist fertig!“

Die Musik steigerte sich tatsächlich zu einem Finale. Die Tänzerin glitt zu dem zentralen Bogen, durch den sie eingetreten war, war kurz davor, abzuheben, und hob dann beide Hände an ihren Kopf.

Mit der schwungvollen Geste nahm er die schwarze Perücke ab. Der Tänzer war ein Mann, dessen kurzgeschnittenes kastanienbraunes Haar in jungenhafter Unordnung über seine gepuderte Stirn fiel. Aber in seinem Gesicht war kein kindlicher Ausdruck zu erkennen, als er es Adriances Tisch zuwandte ; das vertraute, rücksichtslose Gesicht von Fred Masterson.

Im Saal herrschte lautes Gelächter und Applaus. Aber der Tänzer verschwand, ohne es zu bemerken oder innezuhalten, um seinen Erfolg zu genießen; tatsächlich, als würde man ihm entkommen.

Als Elsie es wagte, ihren Mann anzusehen, hatte er eine Hand vor seinen Augen. Er ließ es sofort fallen, wich aber ihrem Blick aus, als wäre die Demütigung seine eigene.

„Trinken Sie Ihren Kaffee aus", befahl er, seine Stimme war von trockener Heiserkeit rau. „Ich möchte da raus – nach Hause."

„Wir haben nicht mit Mr. Masterson gesprochen", erinnerte sie ihn zögernd. „Er hat uns gebeten, ihn zu treffen."

„Ich nehme an, ich habe gesehen, was er wollte, dass ich es sehe."

Der Kellner war wieder neben ihnen und überprüfte ihre Antwort. Elsie hatte den Eindruck, dass der Mann Anthony mit einem verstohlenen und boshaften Verständnis musterte. Hatte er Tony Adriance jemals mit Mrs. Masterson gesehen, fragte sie sich? Hatte er es sich nur eingebildet? Sie verdrängte den Gedanken.

„Schließlich, Liebes, haben wir nicht Vorurteile?" sie essayierte, nicht überzeugte und nicht überzeugende Vernunft. „Ist es nicht wirklich so, als wäre er ein Schauspieler?"

„Nein, ist es nicht! Du weißt, dass es das nicht ist. Es ist nicht das, was er tut, was diese Leute applaudieren; sie applaudieren, weil er es tut. Er hat Erfolg, indem er sich selbst, seinen Namen, seine Position zur Schau stellt. Die Groteske von Sein Hiersein ist erfolgreich, nicht seine Arbeit. Nun – sind Sie bereit?"

„Ja", antwortete sie, seiner Stimmung unterwürfig.

Er zahlte den Scheck und sie wurden ohnmächtig. Elsie holte Hut und Mantel von der Magd unten im Ankleidezimmer ab. Sie war zu beschäftigt, um den neugierigen Blick der Wärterin oder den offenen Blick eines blonden Mädchens zu bemerken, das vor einem der Spiegel mit großer Sorgfalt ihr Gesicht schminkte. Es wäre ihr nicht in den Sinn gekommen, wenn sie es

getan hätte, dass im Personal der Bediensteten die Nachricht weitergegeben
worden war, dass das ruhige Mädchen in Schwarz Mrs. Tony Adriance war .
Aber ohne zu wissen, dass ihre eigene schlichte Kleidung den Glanz von
goldenem Stoff widerspiegelte , war sie zu weiblich, um nicht mit einem Blick
leicht wehmütiger Bewunderung die Pelze, Samtstoffe und glänzenden
Satinstoffe der Tücher zu umarmen, die die anderen Frauen an diesem Ort
zurückgelassen hatten . Keine Beschäftigung könnte diese Anordnung ganz
ignorieren. Es gab einen Mantel aus grauem Samt, der zu ihren eigenen
Augen passte, und mit mohnblumenfarbener Seide gefüttert, die zu ihren
Lippen passte. Ein wenig bestürzt über ihre eigene Leichtfertigkeit eilte sie
vom Ort der Versuchung weg. Anthony wartete auf sie.

KAPITEL XV

DER WEG DES ANDEREN MANNES

Die feuchte Kälte einer Märznacht umhüllte die beiden kühl, als sie durch die Drehtür auf die Straße gingen. Das Restaurant lag nicht am Broadway, der Straße der Millionen Lichter; Für einen Moment schien es, als wären sie in die Dunkelheit eingetreten, nachdem der Glanz des Lichts gerade verschwunden war. Adriance wandte sich von den lautstarken Angeboten der Taxis ab, mit einer Sparsamkeit, die eher auf Elsies führende Hand als auf seine eigene Klugheit zurückzuführen war. Tatsächlich sorgten sein großes Erstaunen und seine stellvertretende Scham gegenüber Masterson dafür, dass er sich nur wenig auf gewöhnliche Dinge konzentrierte.

Aber sie durften die U-Bahn nicht erreichen und so zurückkehren, wie sie gekommen waren. Als sie sich dem Bahnhofseingang näherten, rollte eine Limousine an den Bordstein und blieb ihnen gegenüber stehen. Der Insasse des Wagens öffnete die Tür, bevor der Chauffeur dies tun konnte, und beugte sich hinaus.

„Kommen Sie herein", befahl Mastersons Stimme, anstatt sie einzuladen. „Du hast nicht auf mich gewartet, also hatte ich eine Verfolgungsjagd, um dich zu fangen. Setze Mrs. Adriance ein, Tony, und sag dem Mann, wohin du willst. Die Fähre, nicht wahr? In Ordnung, sag es ihm."

Er sprach mit einer abrupten Ungeduld und Anspannung, die sich größtenteils dadurch entschuldigen ließ, dass er nervös war. Adriance kam dem ohne Einspruch nach. Bevor sie sich der Situation ganz bewusst wurde, saß Elsie neben ihm, Masterson gegenüber, im beheizten Innenraum des Wagens.

Die Luft in der Limousine war nicht nur warm, sondern auch parfümiert. Ohne ihre Gründe zu analysieren, empfanden es beide Adriances als besonders schockierend, dass dies so sein sollte. Elsie identifizierte den weißen Heliotropduft, den die Tänzerin trug. Der in die Decke eingelassene Globus war nicht beleuchtet, aber die Straßenlaternen leuchteten herein und zeigten die Magerkeit von Mastersons gerötetem Gesicht und seine Verhärtung, die durch unvollkommen entfernte Make-up-Flecken noch verstärkt wurde. Elsie empfand eine zitternde Verlegenheit für ihn und eine verzweifelte Hoffnungslosigkeit, etwas zu finden, was sie sagen könnte. Sie ahnte, dass Anthony die gleichen Gefühle hatte, jedoch verstärkt.

Das Auto rollte sanft um den Columbus Circle herum und erreichte dann in gleichmäßigem Tempo den Broadway hinauf. Der Andrang nach dem

Theaterbesuch war längst vorbei, die Straßen vergleichsweise frei. Masterson sprach als Erster mit einem Trotz, der leicht zu klingen versuchte.

„Na ja, hast du mir keine Komplimente gemacht? Man hat mir gesagt, dass ich das ziemlich gut mache. Das ist das Einzige, was ich auf dem College gelernt habe und das mir von Nutzen ist!"

„Wie bist du dazu gekommen——?" Adriance begann schroff. „Ich meine – was hat dich dorthin geschickt? Warum, Fred –?"

„Bis heute dachte ich, du wärst es, Tony", war die trockene Erwiderung. „Das habe ich geglaubt, seit ich herausgefunden habe, wer den Fall finanziert. Bis heute Morgen habe ich geglaubt, dass Lucille gelogen hat, als sie mir sagte, dass du verheiratet bist.

"Nicht!" Adriance bettelte. Seine Hand schloss sich scharf um die seiner Frau.

„Wir sind seit letztem November verheiratet", kam sie ihm ernst zu Hilfe. „Ich bin mir sicher, dass Mrs. Masterson Ihnen darin nur die Wahrheit gesagt hat. Tatsächlich wurde die Ankündigung in den Zeitungen veröffentlicht! Seitdem leben wir dort, wo Sie mich heute Morgen gesehen haben; auf Hochzeitsreise ganz außerhalb der Welt."

„Ich lese von keiner Zeitung mehr als die ersten Seiten", gab Masterson zurück. „Wie ich sehe, liest ihr beide nicht einmal so viel, sonst wärt ihr heute Abend kaum überrascht gewesen. Warst du schockiert, Tony? Ich schätze, das wäre ich auch einmal gewesen. Jetzt –"

"Jetzt--?" Adriance forderte nach dem Warten dazu auf.

Masterson blickte seinen Freund mit einem plötzlichen Leuchten in seinen leeren Augen an.

„Jetzt habe ich es satt, über mich selbst schockiert zu sein, an mich selbst zu denken oder mich selbst und andere Menschen zu verschonen. Kannst du das nicht sehen, kannst du nicht erraten, für wen allein ich das – oder irgendetwas anderes – tun würde? Hast du es vergessen? Holly? Ich habe vielleicht keine Frau, aber ich habe einen Sohn. Und ich möchte nicht, dass mein Sohn so erzogen wird, wie ich war, verheiratet, wie ich war, und ruiniert, wie ich bin. Ich werde Geld haben, wenn ich es herausfische aus der Dachrinne, um ihn an einen sauberen, weit entfernten Ort zu bringen. Dort werde ich ihn selbst aufziehen, verstehen Sie! Er wird diesen Fred Masterson nie kennen lernen. Wenn ich ihn im Freien aufraue, werde ich in eine fitte Verfassung gebracht, lange bevor er alt genug dafür ist kritisiere . Er hat einen schönen kleinen Körper, Tony! Ich werde ihn so hart und gerade haben wie eine Kiefer. Ich werde ihm das Arbeiten beibringen. Was werden mich die Böen dieser Ecke der Welt interessieren, wenn ich sie habe Habe ich das getan? Seit Lucille sich von mir scheiden ließ, habe ich einen Großteil meiner hemmenden Romantik aus dem Kopf geworfen."

Er wurde durch den Ausruf seiner beiden Zuhörer unterbrochen.

„Hast du dich geschieden?" wiederholte Adriance , erstickt vom Druck widerstreitender Gefühle. „Hast du dich doch geschieden?"

„Du willst nicht sagen, dass du es nicht wusstest?" Er betrachtete die beiden Gesichter mit ungläubigem Erstaunen; Dann zuckte er, überzeugt von ihrer offensichtlichen Ehrlichkeit, mit den Schultern und verspottete sich selbst. „Wir alle sind eingebildete Leute! Wir denken, wenn unsere Teetassen herunterfallen, hört man den Krach auf der ganzen Welt. Ja, ich bin seit drei Monaten ein alleinstehender Mann. Denken Sie daran, Sie waren sechs Monate weg. Aber es ging durch." Ganz ruhig. Lucille ist stark für Anstand und Konventionen. Sie sogar", sein Gesicht verdunkelte sich mit einer wütenden Flut von Bitterkeit, die wie ein Selbstverrat wirkte, „sie ist sogar bereit, ziemlich viel dafür zu bezahlen. Holly –"

Der Satz blieb unvollendet. Elsies Erinnerung kehrte zu jenem Morgen zurück, als Masterson ihr erzählte, dass er Holly verloren hatte. Jetzt ahnte sie, was er meinte.

Das Auto hatte den Glanz und Glanz des theatralischen Broadway längst hinter sich gelassen. Als die gleitende Stille des Voranschreitens plötzlich durch die elektrische Hupe des Wagens unterbrochen wurde, die einen verspäteten Fußgänger warnend ertönen ließ, zuckten die drei drinnen zusammen, als stünden sie vor einem unnatürlichen Ereignis.

„Es verlief ruhig", Masterson hob mürrisch den gerissenen Faden auf, „weil sie mit mir verhandelt hat. Sie sagte, wenn ich mich nicht verteidigen würde , würde sie mich Holly mitnehmen lassen. Nun, ich habe mein Wort gehalten; ich habe mich von dem ferngehalten." Die ganze Sache, und sie hat nicht einmal einen Anwalt bekommen – wie ein Idiot. Ich weiß nicht einmal, was sie über mich gesagt haben. Es war mir egal, weil sie es wollte. Und dann hat sie das Gericht um das Sorgerecht für Holly gebeten; und habe ihn geholt. Es sei nur zum Wohle des Jungen gewesen, sagt sie; ich sei nicht in der Lage gewesen, für ihn zu sorgen."

"Oh!" Elsie keuchte.

Masterson zündete sich mit einem Versuch der Unbekümmertheit eine Zigarette an. Er hatte eine besondere Schwierigkeit, das brennende Streichholz mit dem Ende der kleinen Papierröhre in Kontakt zu bringen – ein Mangel an Koordination zwischen den Nerven und Muskeln, der für jemanden, der die Zeichen deuten konnte, eine unheimliche Bedeutung hatte.

„Danke", er quittierte das unausgesprochene Mitgefühl. „Vielleicht wissen Sie, dass ich damals fit war; oder zumindest fit gewesen wäre, wenn ich ihn gehabt hätte. Da ich ihn nicht hatte, ging ich zu – ich bitte um Verzeihung, Mrs. Adriance ."

„Fred--", schrieb Adriance .

Der andere Mann brachte ihn mit einer Geste zum Schweigen.

„Ich weiß, was du sagen wirst, Tony. Tu es nicht! Meine Frau, meine *verstorbene* Frau und ich haben dieses Geschäft geführt. Halte dich aus dem heraus, was dich nichts angeht. Hier, ich gebe ihr die Schuld, die ihr zusteht, Auch! Wenn ich nicht schwach gewesen wäre, wäre das alles nie passiert. Aber wenn sie das Spiel gespielt hätte, wäre es auch nie passiert. Nun, ich verliere. Aber Holly soll nicht für das Spiel bezahlen, an dem er keinen Anteil hatte . Ich erzähle euch beiden, was ich sonst niemandem erzählt habe. Wenn ich genug Geld habe, werde ich Holly seiner Mutter abkaufen und ihn nach Oregon bringen. Lucille braucht immer Geld. Phillips ist da draußen, Tony. Erinnerst du dich an meinen Cousin ? Phil? Nun, ich habe ihn vor zehn Jahren dort gegründet; ich habe mein erstes Auto verkauft, um ihm aus einer schlimmen Situation zu helfen. Er sagt, es gibt Platz für mich; Arbeit, die jeden Mann unterstützen wird, der nicht zu viel will. Sie erhöhen Quadratmeilen Obst. Ich wünschte nur, es wäre am anderen Ende der Welt!"

Die Limousine schwang nach links und schlingerte über ein Netz aus Autospuren. Sie wandten sich der Fähre zu. Elsie legte ihre Hand in die ihres Mannes und ahnte seinen Schmerz.

„Schöne Maschine, das", bemerkte Masterson beiläufig. „Eines muss ich sagen: Ich werde nicht aus der Gosse abhauen! Sie können nicht glauben, wie viel sie mir für meine Theaterarbeit an der Universität bezahlen. Zuerst habe ich es mit einer Wette gemacht, nach einer Abendessenparty, die ich gegeben habe, um meine Freiheit zu feiern." Ich denke, es muss Lucille ziemlich ärgern. Es passt zu mir; und es gibt keine andere Möglichkeit, so schnell zu verdienen, was ich brauche. Hier sind wir."

Das Auto hatte angehalten und der Chauffeur öffnete die Tür.

„Die Fähre kommt gerade vorbei, Sir", erklärte er.

„Sehr gut", entließ ihn sein Arbeitgeber. „Mrs. Adriance , Sie sollten besser hier bleiben, bis das Boot anlegt. Heute Nacht ist es kalt. Tony und ich werden die Tickets kaufen."

„Man könnte immer noch Elsie sagen", antwortete sie sanft. „Du weißt, wir waren immer gute Freunde."

„Es ist gut, das jetzt zu sagen", erwiderte er. "Danke schön."

Die beiden Männer kauften die Tickets nicht; Stattdessen gingen sie Seite an Seite über den rauen Kopfsteinpflasterplatz vor dem Fährhaus. Adriance war blass, hatte aber einen festen Gesichtsausdruck und war entschlossen, es hier und jetzt mit aller Täuschung getan zu haben.

„Fred, ich muss die Dinge zwischen uns klären", zwang er die unangenehme Rede. „Bevor ich meine Frau kennengelernt habe, habe ich Mrs. Masterson oft gesehen. Sie haben vor einiger Zeit davon gesprochen, dass Sie mich dafür verantwortlich machen würden, dass sie sich scheiden lassen wollte. Ich weiß es nicht, wenn ich einmal so etwas getan hätte. Aber ich tat es nicht. Ich ging weg, damit ich nicht sollte.

Der andere nickte, fast ebenso verlegen über das schwierige Geständnis.

„Das ist in Ordnung, Tony. Ich verstehe. Aber beschuldigen Sie mich nicht zu sehr für meinen Fehler. Wissen Sie, wer alle Kosten des Falles bezahlt hat, wessen Einfluss ihn so weit wie möglich aus den Zeitungen herausgehalten hat – kurz gesagt, Wer hat die ganze Kampagne geleitet? Bis auf Holly; das war ein Frauentrick! Wissen Sie?"

„Warum, nein. Wie soll ich?"

Das Boot lag im Slip; Über das Klirren abrollender Ketten, das Fallen von Laufstegen und die Schritte von Männern und Pferden hinweg kam Mastersons Antwort:

"Dein Vater."

Die verblüffende Aussage verblüffte Adriance so sehr, dass es ihr nicht möglich war, darauf zu antworten. Kein Aufschrei, keine Leugnung der Mittäterschaft hätte so überzeugend sein können wie die völlige Verblüffung der Wertschätzung, die er seinem Freund entgegenbrachte . Was hatte der Senior Adriance mit dieser Angelegenheit zu tun? Was hatte er mit Lucille Masterson zu tun?

„Es ist wahr", antwortete Masterson auf seine Zweifel. „Jetzt wissen Sie, warum ich nicht geglaubt habe, dass Sie verheiratet sind, bis ich heute Morgen Ihre Frau kennengelernt habe. Und", er zögerte, „das ist der Grund, warum ich Sie heute Abend zu mir gebracht habe, als ich es verstanden habe. Ich ." Das konnte ich vor Mrs. Adriance nicht sagen , aber offensichtlich ist Ihr Vater mit Ihrer Ehe nicht zufrieden, da Sie wie ein Arbeiter auf der anderen Seite des Flusses leben. Täuschen Sie sich nicht, Tony; Ihr Vater hat in seinem Leben nie etwas ohne Grund getan. Wenn er sich von Lucille scheiden ließ, weiß er, dass Sie sie einst bewundert haben. Und er selbst mochte sie immer. Angenommen, er hätte gedacht, wenn sie frei wäre, würden Sie es vielleicht gerne werden? Warum nicht? Wir alle kennen Paare, bei denen beides der Fall ist Die Parteien wurden mehrmals geschieden und verheiratet, und niemand sagt ein Wort gegen sie.

Der Rückstoß, der Adriance erschütterte , war so stark wie eine körperliche Krankheit. Wie eine Frau freute er sich über die Dunkelheit.

Scheidung zwischen Elsie und ihm? Er hätte über die grobe Absurdität der Idee lachen können, wenn nicht sein Ekel und sein Wunsch gewesen wären, von dem Thema wegzukommen.

„Wir werden das Boot verpassen", sagte er knapp. „Danke, Fred, aber das ist alles Unsinn. Die Wahrheit ist, dass du krank bist – und kein Wunder! Komm, Mann, reiß dich hoch und du wirst das alles überwinden. Na ja, du bist erst zwanzig – Acht; fangen Sie hier noch einmal von vorne an! Lassen Sie alles fallen und kommen Sie für eine Weile mit Elsie und mir nach Hause. Sie haben gesehen, wie wir leben; es ist vielleicht nicht viel, aber Sie würden Ihre Gesundheit wiedererlangen. Und wir können Mrs. Masterson dazu zwingen Lass Holly zumindest zeitweise für dich da sein."

„Ich habe gesehen, wie du lebst", wiederholte Masterson. „Ja. Und du siehst, wie ich lebe. Ich bin kein Prediger, aber vergleiche sie und entscheide, wenn du dich jemals unzufrieden fühlst, Tony. Was mich nach Hause bringt, das konnte keiner von uns ertragen. Ich trinke den ganzen Tag, um mich zu ernähren Ich bin fröhlich genug, um dieses Restaurant auszuhalten und nachts Morphium zu nehmen, um einzuschlafen. Nein, wir werden nicht darüber reden. Ich muss das auf meine eigene Weise durchstehen und dann diesen Teil der Erde verlassen. Ich kann alles fallen lassen Dies sofort, wenn ich dazu bereit bin. Ich bin körperlich kein Schwächling.

Die beiden wollten zurück zum Auto. Kurz bevor sie dort ankamen, beendete Masterson die Diskussion.

„Denken Sie darüber nach, was ich Ihnen gesagt habe. Sie können Ihre Frau genauso wenig lieben wie ich, Lucille." Er zitterte in der feuchten Luft und zog seinen pelzgefütterten Mantel fester um sich. „Ich konnte sie zunächst nicht behalten, obwohl ich mich sehr bemüht habe. Ich wünsche dir viel Glück."

Es war drei Uhr morgens, als Adriance seinen Schlüssel in das plumpe alte Schloss seiner Haustür steckte, während Elsie sich auf das Geländer der Veranda setzte. Drinnen hörten sie seinen Hund lautstark zur Begrüßung bellen.

„Um sieben Uhr zur Arbeit", kommentierte er, als die Uhr gleichzeitig mit dem Öffnen der Tür schlug. Aber in seinem Ton lag keine Beschwerde. Er warf seinen Arm um Elsie und zog sie mit einem tiefen Atemzug der Erleichterung über die Schwelle.

„Lass mich die Lampe anzünden", bot sie an.

„Ich werde es anzünden." Er hielt sie fester. „Warten Sie einen Moment, der Kamin strahlt genug. Ich habe darüber nachgedacht – wenn es ein Junge wäre, würde ich unseren Sohn gerne nach Ihrem lustigen alten Vorfahren nennen: dem schwarzen Schaluppenmann Martin Galvez."

„Nicht Anthony?"

"NEIN."

Die Kürze der Antwort brachte sie zum Schweigen. Sie gab ihr Einverständnis eher behutsam als mit Worten. Aber Adriance bewegte sich noch immer nicht auf die Lampe zu und ließ seinen Begleiter nicht los.

„Elsie, du bist glücklich, nicht wahr?"

„Mehr als glücklich, Liebes."

„Wenn Sie es jemals nicht sind, wenn Sie etwas wollen, was Sie nicht haben, sagen Sie es mir. Sie wissen, dass ich Sie nicht für immer an diesem armen Ort behalten oder Sie für mich arbeiten lassen werde; ich arbeite an besseren Dingen für Sie, Jetzt. Ich habe es Ihnen noch nicht gesagt – ich wurde heute in eine neue Position befördert. Ich habe Arbeit in der Fabrik und eine gewisse Individualität. Ich gehöre nicht mehr nur zu einer Truppe von Chauffeuren. Und natürlich das hier ist nur ein Anfang. Es ist alles für dich, alles, wirst du dich erinnern? Wenn jemals – ich bin oft dumm und, nun ja, ein Mann! – wenn du jemals das Gefühl hast, dass mir etwas fehlt, wirst du es mir sagen, nicht wahr? "

Sie verschränkte ihre Hände über der Hand, die sie hielt. Dieses Ende des Tages voller Zweifel und Ängste schloss ihre Runde mit einem Schweigen tiefer Zufriedenheit. Sie wollte ihre Liebe, ihr Glück und ihre Dankbarkeit für seine Zärtlichkeit herausschreien, um ihn über sich selbst zu erheben. Aber mit einer neuen Weisheit tat sie es nicht. Dort, wo er sie platziert hatte, stand sie.

„Ja", stimmte sie zu. "Ja."

KAPITEL XVI

DIE GITARRE VON ALENYA VOM MEER

Dieser eines Tages, in einer Stimmung heftiger Ungeduld, hatte Anthony Adriance gepackt und ihn durch eine Reihe von Gefühlen und Erfahrungen geführt, wie sie die Zeit normalerweise in gemächlicher Abfolge mit unterschiedlichen Abständen mit sich bringt. Von Elsies Zuversicht am Morgen, mit ihrer bewegenden Liebe, ihrem Stolz und ihrer Ehrfurcht, die er keineswegs als heilig zu bezeichnen scheute, war er zu dem Spektakel der Erniedrigung seines Freundes im schäbigen Restaurant übergegangen. Und als Abschluss wurde er mit der neuen und hässlichen Vision eines Vaters konfrontiert, den er nicht ehren konnte.

Er hatte seinen Vater immer sehr aufrichtig respektiert und mehr Zuneigung zu ihm empfunden, als einer von ihnen je gedacht hätte. Er hatte den Erfolg des älteren Adriance bewundert und insgeheim bedauert, dass es ihm nicht gestattet war, mit ihm zusammenzuarbeiten oder ihn zu teilen, außer indem er den Erlös ausgab. Seine Hoffnung auf eine Versöhnung war nicht nur Söldner gewesen. Nun wurde alles niedergeworfen, ein Bild umgeworfen und zerschmettert. Er sah nur einen selbstsüchtigen, engstirnigen Mann, der plante, eine hübsche Frau von ihrem Ehemann zu trennen, damit sie sich zwischen seinen Sohn und die unwillkommene Frau stellen konnte, die er genommen hatte. Denn natürlich wurde Elsie nach der Position der Dienerin beurteilt, die sie innehatte; Es gab niemanden, der von ihrer sanften Geburt und Erziehung erzählen konnte. Anthony hatte das verstanden und hatte sich voller Vorfreude darauf gefreut, seinen Vater eines Tages aufzuklären, wenn seine anderen Pläne schon fertig waren.

Er hatte gewollt, dass dieser Tag bald kommen würde; Jetzt wusste er, dass es nie so kommen würde, wie er es sich vorgestellt hatte. Und der Verlust eines Ideals tat weh. Masterson hatte ihm die Wahrheit gesagt; Man konnte sich der daraus zu ziehenden logischen Schlussfolgerung nicht entziehen. Anthony verschwendete keine Energie darauf, es zu versuchen, sondern konzentrierte sich noch mehr auf die anstehende Arbeit.

Er arbeitete härter als je zuvor in der Mühle, aber die lebhafte Begeisterung war verflogen. Jetzt fürchtete er die Möglichkeit, dass Mr. Goodwin mit Mr. Adriance über den jungen Mann sprechen könnte, der seinen Namen trug und solche Veränderungen in der Versandabteilung vornahm. Denn Anthony begnügte sich nicht damit, das LKW-System zu regulieren. Er hatte die Fähigkeit seines Vaters geerbt, obwohl das ungenutzte Werkzeug unentdeckt geblieben war. Seine Aufmerksamkeit war geweckt, er fand weitere schlaffe Leinen und deutete an, wie man sie straff straffen konnte.

Herr Goodwin besuchte den unterirdischen Raum mehr als einmal, beobachtete und stimmte zu. Cook war von dem Taktgefühl des neuen Mannes überzeugt, der seinen ehemaligen Chef und jetzigen Mitarbeiter niemals beleidigte oder verletzend kritisierte , und unterstützte ihn mit herzlicher Kooperation. Anthony stellte fest, dass sein Gehalt erhöht wurde. Als Ransome nach seiner Krankheit zurückkehrte, bekam er eine neue Stelle im Obergeschoss.

Die Abende im kleinen roten Haus waren nach dieser Nacht im Ausland nicht mehr ausschließlich dem Spielen gewidmet. Adriance begann, ein Buch mit Aufzeichnungen in Form kryptischer Notizen und Zahlenkolonnen zu führen. „Chauffeurskonten", nannte er sie, als Elsie fragte; und sie lachte, als sie das Ausweichen akzeptierte, und unterließ es, ihn mit Neugier zu necken.

Schon lange vorher waren die Antworten auf die Ankündigungsbriefe eingetroffen, die er und Elsie an ihre Eltern geschrieben hatten, und Adriance war berührt von der ernsten, liebenswürdigen Herzlichkeit, mit der sie den unbekannten Schwiegersohn willkommen geheißen hatte. Er hatte sich und Elsie versprochen, Louisiana irgendwann einen Besuch abzustatten. Seitdem hatte sie die Nachbarschaft, die Landschaft und die Menschen mit ihrem Talent für lebhafte Wortzeichnungen beschrieben, bis alles so deutlich vor ihm lag wie ein gesehener Ort. Nun erinnerte er sich daran mit einer neuen Überlegung.

„Erinnern Sie sich an das alte Haus und die Plantage, von der Sie mir einmal erzählt haben?" fragte er sie eines Sonntagmorgens. „Der verlassene Ort, der so lange zum Verkauf stand. Glauben Sie, dass er immer noch zum Verkauf steht?"

„Es war das letzte Mal, dass Virginia schrieb", antwortete sie und betrachtete ihn fragend. „Sie sprach von einem Picknick unter den alten Bäumen."

„Wenn ich – nun ja, hier rausgedrängt wäre, würdest du dich dann damit begnügen, das Leben dort unten auszuprobieren? Mir ist gestern eingefallen, dass ich ein paar ziemlich wertvolle Sachen besitze, die mir meine Mutter hinterlassen hat; nicht viel, nur Schmuck, den sie als Mädchen hatte." Die Idee, es zu verkaufen, gefällt mir nicht, aber wenn ich in die Enge gedrängt werde, würde es uns einen solchen Ort kaufen. Ich habe einige Ideen, die ich gerne ausprobieren würde."

Elsie stellte die Salatschüssel ab, mit der sie beschäftigt war; Mit ernsten, regengrauen Augen betrachtete sie ihren Mann.

„Woran denkst du, Anthony?"

Adriance schaute weg. Selbst ihr gegenüber brachte er es nicht über sich, über sein verlorenes Vertrauen in seinen Vater zu sprechen oder zu sagen, wen er nun als Feind fürchtete. Mr. Adriance konnte Anthony und seine Frau nicht ohne ihre Zustimmung trennen, aber er konnte es ihnen bitterlich schwer machen, zusammen zu leben. Anthony hatte von Männern gewusst, die die Feindschaft seines Vaters auf sich gezogen hatten, und die Erinnerung daran war nicht beruhigend. Vor seinem Interview mit Masterson hätte er die Idee einer solchen Situation zwischen seinem Vater und ihm lächerlich gemacht; jetzt war er unsicher.

„Zieh Hut und Mantel an", wich er der Frage aus. „Komm spazieren, ich möchte dir etwas zeigen."

„Und unser Abendessen?" sie lehnte ab.

„Macht nichts. Wir werden Rührei essen."

Lachend gehorchte sie.

„Was werde ich sehen, Anthony?"

„Ein Haus", kurz.

Der Spaziergang führte sie weit weg von der Nachbarschaft so kleiner Cottages wie ihrem eigenen. Tatsächlich stand das Haus, vor dem Anthony schließlich stehen blieb, so weit von allen anderen entfernt, dass man es kaum als Nachbarschaft bezeichnen konnte. Es stand auf einem kleinen Ausläufer der Palisades, herrlich eingebettet in ein Stück Wald und eigene Rasenflächen.

"Dort!" er hat es angedeutet. "Hübsch?"

Elsie schaute mit befriedigender Ernsthaftigkeit hin. Das Haus war so neu, dass in der Eigenwerbung des Bauherrn immer noch das zum Verkauf stehende Schild angepriesen wurde: „Diese moderne Residenz, alle Verbesserungen."

„Ich liebe es", verkündete sie. „Diese Häuser aus weißem Beton sind bezaubernd; sie sehen aus, als wären sie aus Sahnebonbons gemacht. Was für tiefe Veranden, wie Höhlen aus weißen Korallen; und wie herrlich das Licht in diesen raffinierten Buntglasfenstern schimmert! Ich nehme an, sie sind gefasst." Die Treppe hinauf? Es hat auch eine schöne Größe; groß genug, um ziemlich luxuriös zu sein, aber nicht so groß, dass es entsetzlich wirkt. Wie ist es dir zufällig aufgefallen, Liebes?"

„Eines Tages habe ich diese Straße als Abkürzung genommen. Schauen Sie, was für eine Aussicht Sie hier oben haben. Man muss zwanzig Meilen flussaufwärts und flussabwärts und über halb New York sehen. Aber es kann besichtigt werden; gehen wir hinein." ."

„Als ob wir darüber nachdenken würden, es zu kaufen", verliebte sie sich in den Sport. „Ja, und wir werden in der Tat sehr kritisch sein; Mängel finden und es schließlich ablehnen. Wirklich, Anthony, es ist überhaupt nicht mit unserem jetzigen Wohnsitz zu vergleichen."

„Das machst du", stimmte er zu und zog sie die breiten, gemächlich niedrigen Stufen hinauf.

Es war wirklich ein bezauberndes Haus; ein Haus, das auf das Paar, das durch seine leeren, widerhallenden Räume und Flure wanderte, unerwartete Reize entwickelte. Es gab Nischen und unwichtige kleine Balkone; Es zeigte einen äußerst einladenden Fensterplatz auf halber Höhe der Treppe, der nur für Verliebte gedacht war.

„Aber bisher war keiner dort", bemerkte Elsie, während sie auf der Treppe verweilte, um über diese letzte Verlockung nachzudenken. „Stellen Sie sich vor, Anthony, dass es nur ein Debütant eines Hauses ist, dessen Ballbuch völlig leer ist. Niemand hat vor seinem Kamin gesessen oder sich auf seinen Fensterplatz geschmiegt oder seine Tür geöffnet, um Liebe hereinzulassen oder zu geben Wohltätigkeit. Es ist ein Undinenhaus, dessen Seele sein kühles Weiß noch nicht erreicht hat. Oh, ich hoffe, die Leute, die es kaufen, sind sowohl fair als auch gut und respektieren seine Unschuld!"

„Korallenhöhlen und Undinen – deine Gefühle drehen sich heute ausschließlich um die Tiefsee", neckte er sie. „Elsie, macht das alles nicht Lust auf etwas?"

„Ja", erwiderte sie sofort und blickte ihn über die Schulter an, als sie hinunterstieg. „Ich möchte etwas, das ich gestern im Antiquitätenladen gesehen habe. Kaufst du es für mich?"

„Das kommt darauf an. Was ist das?"

„Eine Gitarre. Eine Gitarre, die man hätte anfertigen können, um zu unseren Elfenbein- und Jade-Schachfiguren zu passen, damit eine Sklavin mit schweren Lidern sie berühren kann, während ihr Herr und sein Lieblingsgast die Figuren auf dem Brett bewegen. Es ist *El Aud* von Arabien ." ; alles opaleszierende Intarsien aus Perlmutt, Wirbel und Bünde mit stumpfer Farbe. Ich bin mir ziemlich sicher, dass es einer östlichen Prinzessin gehörte, vielleicht Zaraya der Schönen oder Alenya vom Meer. Es wird von den Höfen in Fes singen, wo Springbrunnen plätschern an allen heißen, stillen Tagen der Mitternacht in den Alhambra-Gärten und die Nachtigallen des verlorenen Zahara . Und der Antiquar wird es für fünf Dollar verkaufen!"

Adriance warf den Kopf zurück und lachte, betört von ernsten Gedanken.

„Was für ein Fazit! Wir werden das Ding auf dem Heimweg kaufen, Sonntag hin oder her. Das heißt, wenn Sie es mir vorspielen können und wenn es westlich genug für das schläfrige, gruselige Lied über Maître Raoul Galvez klingt, das sollte." niemals zwischen Mitternacht und Morgengrauen gesungen werden? Das habe ich noch nie gehört."

„Das wirst du", versprach sie. „Und auch das Lied, mit dem Alenya vom Meer den König aus seiner Traurigkeit bezauberte."

„Sag mir zuerst, wer Alenya war."

"Heute Abend--"

"Nicht jetzt." Leicht, aber entschlossen zog er sie über die Schwelle des Raumes, der sich neben ihnen öffnete. Gegenüber dem nagelneuen , mit rosafarbenen Kacheln gedeckten Kamin stellte er eine Werkzeugkiste auf, die ein unvorsichtiger Arbeiter vergessen hatte, und breitete seinen eigenen Mantel darüber aus, sodass eine ziemlich bequeme Sitzgelegenheit entstand. „Setz dich hierher", befahl er. „Du bist sowieso müde; und ich habe Lust, dich hier zu sehen."

Überrascht, aber seiner Laune nachgebend, mit der herzlichen Bereitschaft, die er an ihr liebte, gehorchte Elsie. Adriance ließ sich gegenüber auf den vergleichsweise sauberen Kacheln des Kamins nieder.

„Schießen", befahl er träge und umgangssprachlich herrisch. „Dein Sultan hört zu."

Sie schnitt ihm ein rebellisches Gesicht, nahm langsam ihren Hut ab und legte ihn neben sich auf die Brust. Ihr Blick verweilte nachdenklich auf dem breiten Sonnenstrahl, der durch das nächste Fenster fiel und wie ein goldenes Schwert zwischen ihnen glitzerte. Als Adriance zusah, sah sie, wie in ihren grauen Augen Erinnerungen aufkamen.

„Sehr gut, ich werde versuchen, die Geschichte so zu erzählen, wie mein Vater sie mir einst erzählt hat. Aber ob er sie aus diesen seltsamen Geschichten, in denen er so gelehrt ist, oder ob er sie seiner eigenen Fantasie entsprungen hat, weiß ich nicht . Denn er ist mehr Dichter als Professor und mehr Antiquar als beides – und teurer , als du dir vorstellen kannst, bis du ihn triffst, Anthony. Jetzt stell dir vor, du befindest dich in unserem vernachlässigten alten Garten und hörst zu.

„Vor langer, langer Zeit, bevor die Schönheit von Cava die Mauren über Gibraltar nach Spanien brachte, lebte im Osten ein König namens Selim der Traurige. Dieser Name war allein ihm vorbehalten. Sein Königreich war ebenso reich wie riesig; sein Volk war zufrieden; Es schien, als lachte das ganze Land, außer seinem Herrscher. Auf ihm lag ein vager, finsterer Zauber, und zwar seit der Stunde seiner Geburt.

„Denn immer trauerte er um etwas Unbekanntes, ein unbestimmtes und unbefriedigtes Bedürfnis. Königtum war sein Eigentum, Jugend und absolute Macht, doch aufgrund dieser großen Sehnsucht bewegte er sich wie ein Bettler durch seine Pracht und kannte den Hunger des Herzens." bei Tag und Nacht. Weise Männer und Tempel wurden vergeblich befragt, reiche Geschenke wurden vergeblich an ferne Orakel geschickt; niemand konnte den Wunsch des Königs erkennen oder ihn heilen. Und sein dunkles, wehmütiges Gesicht wurde von seinem Volk als etwas Übliches akzeptiert und königlich.

„Eines Tages, als der König allein in seinem Garten am Meer spazierte, kroch ein seltsamer Nebel über Land und Wasser, silbrig, schillernd, wunderbar Ufer bis zu seinen Füßen, wo es mit einem lauten Geräusch brach. Als der glitzernde Schaum und die Gischt wieder nachließen, stand ein Mädchen vor ihm im Sand; ein Mädchen, gekleidet in das schwebende Grau des Nebels, umgürtet und gekrönt von weichem , trübe Perlen. Ihre glänzenden Augen waren grün wie das Herz des Ozeans, und als der König in sie blickte, schrumpfte sein Kummer und floh.

„‚Wer bist du, mein Wunsch?' fragte Selim.

„‚ Alenya vom Meer', antwortete sie ihm, und ihre Stimme war das Rauschen der Wellen in einer Sommernacht.

„Dann nahm der König sie in seine Arme und trug sie in seinen Palast."

„Und sie hat ihn geheilt?"

„Besser! Sie befriedigte ihn. Nie war eine Veränderung wunderbarer ; im ganzen Königreich gab es keinen Mann, der so glücklich war wie Selim, der König. Tag und Nacht, Nacht und Tag blieb er bei der Seejungfrau. Aufruhrlicher Wohlstand kam zu ihnen Land, die Felder brachten doppelte Ernten; es schien, als sei das Lächeln des Königs ein wahrer Sonnenschein des Südens.

„Aber nach und nach befiel das Volk abergläubische Angst, und die eifersüchtigen Priester verstärkten sie. Seltsam, seltsam und unheimlich süß war die Musik, die aus Alenyas Gemächern drang. Es kam der Tag, an dem das Land von Selim verlangte, das Böse zu beseitigen Zauberin oder sterben. Sie gaben ihm einen Monat Zeit zur Wahl."

„Die Männer des Ostens waren arme Liebhaber", kommentierte Adriance . „Er hat die Meeresprinzessin verbannt?"

„Überhaupt nicht! Er hat den Tod gewählt und einen Monat mit Alenya ."

„Nun, wenn er einen Monat genau so leben würde, wie er wollte, hätte er etwas."

„Sehr wahrer, zynischer Mensch. Aber nie war es so ein Monat wie seiner, in dem der einsame Mann noch seine Liebe besaß und der müde König eine Erregung gefunden hatte. Intensität ist der Sprung einer Flamme und kann nicht ertragen. Wenn das Ende der Vier Wochen kamen –“ Sie hielt inne, ihren dunklen kleinen Kopf nach hinten geneigt, ihr Blick forderte sein Risiko heraus.

"Sie starben?"

" Alenya sang zum letzten Mal für den König. Es gibt keine Aufzeichnungen über diese verlorene Musik; es ist so traurig, dass sich das Papier in Tränen auflösen würde, wenn es geschrieben würde. Als es aufhörte, schlief der König und Alenya huschte zurück zum Meer und Nebel, allein. Später kamen die Leute und weckten Selim mit ihrem Jubel, aber er starrte in kaltem Erstaunen auf das Schauspiel ihrer zurückkehrenden Treue. Er hatte alles vergessen.“

"Vergessene?"

„Ja, denn Alenyas letztes Lied hatte ihr Bild aus seinem Kopf verbannt. Aus seinem Kopf, nicht aus seinem Herzen; er war wieder Selim der Traurige, der sich nach dem Verlangen sehnte, das er nicht kannte.

„Oft, oft wanderte er leidend und verständnislos am Ufer entlang. Es steht geschrieben, dass seine Herrschaft lang und weise war. Doch in der Nacht, in der er starb, fanden seine Diener den Abdruck einer kleinen, nassen Hand auf dem Kissen, auf dem die des Königs ruhte weißer Kopf.“

Nach einem Moment erhob sich Adriance .

„ Also konnte er sein eigenes nicht behalten, als er es hatte!“ er sagte. „Vielen Dank, Madame Scheherazade. Kommen Sie jetzt raus und ich sage Ihnen, warum ich wollte, dass Sie als Glücksbringer an diesem Kamin sitzen.“

Lachend folgte sie ihm, ihren Hut in der Hand.

„Warum, Anthony?“

„Weil ich diesen Ort für unser Zuhause haben möchte“, antwortete er.

Sie stieß einen leisen Ausruf aus, aufrichtig bestürzt.

„Willst du es? Warum muss es zehntausend Dollar wert sein, Anthony? Sehen Sie, es hat sogar eine kleine Garage. Und man bräuchte Bedienstete; zumindest eine Magd für alles.“

„Ja. Ich arbeite für all das. Vor einiger Zeit dachte ich, ich wäre mir dessen sicher. Jetzt fürchte ich nicht. Aber Sie werden nicht mehr lange so leben, wie wir jetzt sind. Entweder ich werde mein Spiel gewinnen.“ , und bring dich hierher, oder wir gehen nach Süden und versuchen ein neues Unterfangen."

Erstaunt und beruhigt begegnete sie seinem festen, entschlossenen Blick. Sie hatte dieses Ziel in ihrem gesamten intimen gemeinsamen Leben nicht geahnt.

„Möchten Sie mir davon erzählen?" Sie wunderte sich. „Und du weißt, ich bin sehr , sehr glücklich, so wie wir es sind; denn ich muss immer mit dir glücklich sein, ob du gewinnst oder verlierst, meine liebste Liebe."

Der Ort war ziemlich verlassen; Er küsste sie vor den leeren Fenstern des Hauses, in dem noch nie jemand gelebt hatte.

„Ich weiß", sagte er. „So wie ich bei dir sein muss und das auch bin! Aber ich werde warten, um dir den Rest zu erzählen, bis ich alles erzählen kann."

Sie akzeptierte die offene Zurückhaltung. Sie gingen leiser nach Hause, als sie gekommen waren, und jeder war mit Gedanken beschäftigt.

Aber Adriance vergaß nicht, im Antiquitätenladen vorbeizuschauen, um die Gitarre zu holen. Der Besitzer wohnte im hinteren Teil des schäbigen Fachwerkgebäudes und ließ seine beiden Kunden bereitwillig ein, nachdem er sie unter einer erhöhten Ecke des sonnengebleichten grünen Vorhangs untersucht hatte.

"Die Gitarre?" er wiederholte Adriances Bitte. „Für Madame? Aber auf jeden Fall!"

Mit respektvoller Eifer holte er das Instrument aus dem Fenster hervor. Er war ein dünner, helläugiger französischer Jude; ziemlich hässlich und ziemlich alt genug, um Elsies Behauptung zu rechtfertigen, er sei der wandernde Jude und dies genau der Laden, in dem Hawthorne seine Geschichte erzählt. Sie lächelte ihn an und erinnerte sich schelmisch daran, während sie ihre Handschuhe auszog, um die rostigen Saiten zu betasten.

„Es ist eine gute Gitarre", stimmte sie zu. „Und fröhlich, mit all diesen Perlmutt-Intarsien und den kleinen farbigen Steinen in den Stiften! Aber diese Drahtschnüre müssen raus, Anthony. Sie sind zu laut und zu hart."

„Es ist so, Madame", der alte Mann nickte vollkommen zustimmend, bevor Adriance etwas sagen konnte. „Die Gitarre wurde auf der Bühne verwendet, wo Lautstärke ——!" Er zuckte mit den Schultern. „Sie würden nie erraten, Madame, wer mir letzte Woche dieses Instrument gebracht hat."

"NEIN?" fragte sich Elsie höflich interessiert.

„Es war dieser riesige Russe, der früher neben Ihrem Mann im Wagen fuhr, Madame. Er hat keinen Kopf, dieser Michael, aber er hat ein Herz. Er ist

verrückt nach den Filmen – den bewegten Bildern, würde ich sagen. Nun ja
Dann kam eine Schauspielerin in die arme Pension, in der er lebt. Sie war
arbeitslos, sonst wäre sie nicht dort gewesen, *bien sur* ! Die Gitarre gehörte
ihr. Michael brachte sie hierher, um sie für sie zu verkaufen. Ich glaube, sie
ist es krank. Weil sie von der Bühne ist, ist er ihr Sklave.

"Er ist verliebt?"

„Er, Madame? Es ist ihm noch nicht einmal in den Sinn gekommen. Er
würde es nicht vermuten.“

„Armer Idealist!“ sagte Adriance . „Wir werden die Theatergitarre
mitnehmen, aber einpacken, damit ich nach Hause kommen kann, ohne dass
mir jemand einen Penny zuwirft.“

Er lachte, während er sprach, und hatte die Geschichte der Gitarre vergessen,
bevor sie Alaric Cottage erreichten. Aber Elsie lachte weder, noch vergaß sie.
Als sie an diesem Abend Anthony am Kamin gegenübersaß und zu seiner
Verzauberung fröhliche oder seltsame Musik heraufbeschwor, dachte sie viel
an das Mädchen, das zuletzt ihr dekoratives Instrument gespielt hatte.

„Ist es wirklich meine Gitarre, Anthony?“ fragte sie schließlich.

„Es ist bestimmt nicht meins“, erwiderte er neckend.

Sie verzog das Gesicht zu ihm. Aber sie hat auch einen Entschluss gefasst.

KAPITEL XVII

DER RUSSE MIKE UND MAÎTRE RAOUL GALVEZ

Der Russe Mike lebte in einer Siedlung, etwa eine Meile von der Flussstraße entfernt. Gewöhnlich kam er jeden Morgen am Haus der Adriances vorbei , ein paar Augenblicke früher als der leichtfüßigere Anthony sich auf den Weg machte, dessen schwungvoller Schritt ihn zwei Schritte zum Haus des großen Mannes trug. Elsie hatte längst Bekanntschaft mit dem Assistenten ihres Mannes gemacht. Während des bitteren Wetters hatte sie ihn oft von der schneebedeckten Straße aus gerufen, um sein langsames Blut mit einer Tasse ihres belebenden kreolischen Kaffees zu wärmen. Am Montagmorgen nach dem Kauf der Gitarre wusste sie genau, wann sie den Weg hinunterlaufen und die massige, herumlungernde Gestalt an ihrem Tor finden musste.

Beim Anblick des Mädchens in ihrem fliederfarbenen Kleid, mit einem weißen Wollschal um die Schultern geschlungen und mit einem dunklen, kleinen Kopf, der im hellen Morgenlicht fast bronzefarben schimmerte, blieb Mike stehen und zuckte unbeholfen an seiner groben Mütze . Es hatte Klappen, die unter seinem Kinn befestigt wurden, so dass es ihm gleichermaßen peinlich war, wie schwierig es war, seine Kopfbedeckung abzunehmen, und wie *unbequem es* war, bedeckt zu bleiben. Aber Elsies Lächeln war ein Sonnenschein des Herzens, der solche Schauer des Zweifels zum Schmelzen brachte, als sie auf ihn zukam.

„Guten Morgen, Michael. Danke, dass du Samstagabend mein Kätzchen zurückgebracht hast. Irgendwie *wird sie* weglaufen.“

„Es ist nichts , Ma'am“, missbilligte er, verwirrt und doch zufrieden.

„Es war sehr nett, Michael“, sie senkte rücksichtsvoll den Blick auf ihren vom Wind wehenden Schal, „gestern hat Mr. Adriance eine Gitarre für mich gekauft, im Antiquitätengeschäft. Wir haben gehört, woher sie kam — wie Sie sie mitgebracht haben. Will.“ Sagen Sie der Dame, der sie gehörte, dass es mir leidtun würde, etwas zu behalten, was sie vielleicht vermissen würde? Sagen Sie ihr bitte, dass ich hoffe, dass es ihr bald gut geht, und wenn sie soweit ist , werde ich ihr die Gitarre gerne zurückgeben. Wir werden einfach so spielen, dass sie es mir für eine Weile geliehen hat.

Sein raues Gesicht und sein massiver Hals wurden langsam rot, passend zu seinem feurigen Haar.

„Du, du--“, stammelte er unartikuliert. Seine behandschuhte Faust zerschmetterte den nächsten Zaunzaun. „Das bin ich nicht —! Danke, Lady.“

Unfug kräuselte Elsies Lippen wie Mohnblütenblätter, als sie den verunsicherten Riesen betrachtete.

„Ist sie sehr hübsch, Michael?“

„Nein, Ma'am“, war das unerwartete Bekenntnis. „Nicht, wenn sie nicht für die Schauspielerei gut drauf ist. Sie ist einfach nur nett. Ich schätze, viele sind nicht so toll wie die, für die Andy früher gearbeitet hat: immer gut drauf.“

„Andy? Mr. Adriance ? Er hat nie gearbeitet –“

„Für eine Schauspielerin; ja, Ma'am“, beendete Mike ruhig und bestimmt. „Er hat sie am Tag nach Weihnachten, als wir nach New York geschickt wurden, zum Tee eingeladen . Hast du sie nicht gesehen? Schöne Blondine, mit schrecklich großen, hellen Augen und hübschen Klamotten?“ Er lehnte sich gegen den zerbrechlichen alten Zaun und schloss nachdenklich die Augen. „Sie trug irgendein Parfüm –! Seit ich sie gesehen habe , sieht niemand mehr besonders gut aus .“

„Er hat sie zum Tee eingeladen?“ Elsie wiederholte schwach. Sie hatte nicht die Absicht, Antonius zu belästigen; Die Frage entstand aus Schmerz und Verwirrung.

„Sie hat ihn dazu aufgefordert. Sie sind in ein Restaurant gegangen und ich habe auf den Lastwagen aufgepasst. Tony, *sie* hat ihn angerufen.“ Mike richtete sich schwerfällig auf und bereitete sich auf den Abschied vor. „Ich schätze, ich mache mich an die Arbeit, Ma'am.“

Elsie nickte, drehte sich um und kroch zurück.

Adriance war auf der Schwelle des Hauses aufgetaucht, sein Hund hüpfte um ihn herum in der täglich enttäuschten, täglich erneuerten Hoffnung, den verehrungswürdigen Herrn zu begleiten. Während er stand, pfiff er und kramte in seinen Taschen nach einem Streichholz. Doch die Veränderung des blassen Mädchens, das sich vom Tor abwandte, überraschte ihn sprachlos und regungslos. Sie schien sich fast den Weg hinaufzutasten.

„Elsie!“ rief er und sprang die Stufen hinunter. „Warum, Elsie?“

Zu seiner größten Bestürzung brach sie mit geschlossenen Augen in seinen ausgestreckten Armen zusammen.

Er zog sie an sich und trug sie ins Haus, ihm selbst war schlecht vor Panik. Krankheit war für sie so neu; Er kannte sogar einen Arzt, der näher war als der stattliche und wichtige Hausarzt in New York. Er spürte, wie die Welt unter seinen Füßen erbebte; seine Welt, die nur seine Frau enthielt. Zitternd legte er sie auf ihr Bett und kniete sich daneben, ihren Kopf immer noch auf seinem Arm.

„Elsie!" Er würgte, seine Augen suchten ihr Gesicht. "Mädchen!"

Vielleicht war es das Elend in seiner Stimme, vielleicht die Liebeskummer, mit der er sie umarmte, aber sie bewegte sich in seinen Armen.

„Ja", flüsterte sie. „Mir – mir geht es gleich wieder gut."

„Du stirbst nicht? Keine Schmerzen? Was kann ich tun?"

„Nein, nein. Warte ein wenig. Leg mich hin, ich muss nachdenken."

Er gehorchte und legte sie mit unendlicher Zärtlichkeit zwischen die Kissen. Er wagte es nicht, sie zu küssen, um die Genesung nicht zu stören, aber er zog vorsichtig die Nadeln aus ihrem Haar und strich die dicken, weichen Wellen glatt. Er erinnerte sich vage daran, irgendwo gelesen zu haben, dass einer Frau die Locken gelöst werden sollten, wenn sie ohnmächtig wird. Es war natürlich ein Roman; Dennoch könnte es wahr sein. Und es gab ein Allheilmittel, das er kannte!

Elsie öffnete die Augen nicht, aber sie hörte, wie er aufstand und in das andere Zimmer eilte. Das Schwindelgefühl hatte sie inzwischen verlassen und sie konnte nachdenken.

Natürlich hatte sie Mikes Porträt von Lucille Masterson erkannt. Sie hatte die andere Frau gesehen, lieblich, herrisch in selbstbewusster Schönheit; Sie hatte fast den reichen Duft ihrer *Essence Enivrante eingeatmet* – die keineswegs französisch war, sondern in einem oberen Raum in der Forty-Second Street destilliert wurde, wo für diejenigen, die gut bezahlen konnten, individuelle Düfte komponiert wurden. Anthony war am Tag nach Weihnachten zu ihr gegangen. Der Tag nach diesem Weihnachten! Als sie dort lag, erinnerte sich Elsie daran, wie sie und Anthony in Weihnachtsstimmung zusammen in die Kirche gegangen waren und wie Kinder Hand in Hand in der kahlen kleinen Bank gekniet hatten: „weil sie einander gefunden hatten." Und dann ihr erstes Weihnachtsessen in ihrem mit Stechpalmen geschmückten Haus, als der Welpe wackelig auf Anthonys Knien gesessen und sich mit Futter begnügt hatte, das ihn hätte töten sollen, während sie lachte und Vorwürfe machte und das Verbrechen begünstigte. Am Tag danach, am Tag nachdem er ihr den Granat-Liebesring geschenkt hatte, war Anthony zu Mrs. Masterson gegangen? Ihr Verstand schrie gegen die Absurdität auf. Dennoch war er gegangen.

Das Klirren des eilig bewegten Porzellans im Nebenzimmer hatte aufgehört. Adriance kam ans Bett, beugte sich vor, schob seinen Arm vorsichtig unter das Kissen und hob den Kopf des Mädchens. In der anderen Hand hielt er eine Tasse heißen Tee, die einzige Medizin, die er kannte.

Das ganze Herz seiner Frau schmolz ihm in seiner hilflosen Hilfsbereitschaft entgegen. Plötzlich erinnerte sie sich, dass er von diesem Treffen zu ihr zurückgekehrt war. Er hatte die unbesiegbare Lucille gesehen, war aber mit seiner Frau wieder herrlich zufrieden. Die Tortur, die sie schon lange vorhergesehen und gefürchtet hatte, war vorbei. Sie öffnete die Augen und sah ruhig zu ihm auf.

Er sah aus wie ein kranker Mann, und sein Blick verschlang sie, umhüllte sie.

"Was war es?" fragte er unsicher. "Was ist es?"

„Anthony, warum hast du mir nicht erzählt, dass du Mrs. Masterson getroffen hast?“ sie stellte ihre ruhige Frage. „Warum hast du mich verlassen, um es von Michael zu hören?“

Erschrocken blickte er weiterhin in ihre Augen, ohne selbst verwirrt zu sein.

„Ich glaube, ich hätte es dir sagen sollen “, gab er offen zu. „Aber es war nicht von Bedeutung, und ich – nun, ich habe eine so schlechte Figur gemacht, dass ich es vermieden habe, es Ihnen zu zeigen. Die Frau hat mich auf der Avenue erwischt und mich mit welkem Kragen regelrecht in eine Teestube gedrängt und ölige Hände. Ich glaube, sie hat es auch aus purer Bosheit getan, denn sie hatte schließlich nichts zu sagen. Aber – *das* hat dich bestimmt nicht krank gemacht, Elsie?“

„Du hättest nie gedacht, dass es mir etwas ausmachen könnte, wenn du gehst?“

"Warum?" fragte er einfach. „Was geht uns das an? Das tun Sie doch nicht, oder?“

Sie hob ihre Hände und verschränkte sie hinter seinem Kopf.

„Stellen Sie den Tee ab“, lachte sie mit Tränen in ihrem Spott, „oder wir verschütten ihn untereinander. Hältst du mich für einen unmenschlichen Engel, lieber Schatz? Nein, das macht mir nichts aus, aber das habe ich.“

"So wie das?" erstaunt. "So viel?"

„Du erinnerst dich ständig daran, wen Maît 'Raoul Galvez großgezogen hat“, warnte sie, ihre Lippen auf seinen. „Ich bin mächtig eifersüchtig, Mann!“

„Aber ich liebe dich“, stammelte er ungeschickt. „Diese Frau – sie sah aus wie eine Füchsin! Armer Fred!“

Ihr erstes Missverständnis war vorbei und hinterließ keinen Schatten. Nach und nach tranken sie gemeinsam den kalten Tee, und Elsie überredete ihre Krankenschwester, wie üblich in die Fabrik zu gehen.

„Ich war nicht krank, nur voller Schlechtigkeit“, erklärte sie gewissenhaft. „Obwohl es vielleicht nicht passiert wäre, wenn ich ganz derselbe gewesen wäre, Anthony.“

An diesem Abend unterhielten sie sich in aller Ruhe über die Angelegenheit. Aber sie konnten keinen Grund finden, warum Lucille Masterson auf diesem kurzen Interview mit Anthony bestand. Warum hatte sie ihn gezwungen, sich um sie zu kümmern? Er konnte Elsie ehrlich versichern, dass Mrs. Masterson keinen Versuch unternommen hatte, ihn zu seiner früheren Loyalität zurückzugewinnen; vielmehr hatte sie ihn verspottet und verärgert. Als Laune stuften sie die Episode schließlich ein und taten sie ab.

Was sie nicht aus ihren Gedanken verdrängten, war das Gespräch, das sie an dem Tag, als sie die Gitarre gekauft hatten, im neuen Weißen Haus geführt hatten. Sie sprachen nicht über Anthonys Ambitionen, aber Elsie sprach oft und mit freierer Begeisterung über ihre Heimat Louisiana. Ihr Mann durchschaute den unschuldigen Trick mit größerem Scharfsinn, als ihr bewusst war, und bis jetzt scheiterte er. Er verstand, dass sie sich geschickt darauf vorbereitete, ihm den Rückzug zu erleichtern, für den Fall, dass er seinen Kampf verlor; Sie bereitete sich darauf vor, ihn davon zu überzeugen, dass dies der Weg war, den sie am liebsten gehen wollte. Er liebte sie umso mehr; und war umso hartnäckiger entschlossen, seinen eigenen Weg zu erzwingen.

KAPITEL XVIII

DIE HERAUSFORDERUNG

Von Tag zu Tag war Anthony weniger bereit, den von ihm gewählten Ort zu verlassen. Er wollte die in der Fabrik begonnene Arbeit nicht aufgeben; er hatte ein aktives persönliches Interesse an seinem Fortschritt dort entwickelt. Ihm war durchaus bewusst, dass er bald mehr über einige Möglichkeiten der Mühle wissen würde als Mr. Goodwin selbst. Sein Vater hatte sich nie um solche Dinge gekümmert. Herr Adriance war der Knotenpunkt der vielen Linien, die ein ausgedehntes Netz von Angelegenheiten bildeten, in dem diese Fabrik nur ein Strang war. Er fand nicht einmal die Zeit, Mr. Goodwins fortschreitendes Alter und den Wunsch nach Ruhestand zu bemerken, den der alte Mann zu stolz zum Ausdruck brachte. Aber der Strang, dessen Kleinheit von der größeren Adriance verachtet wurde , könnte sich durchaus als fähig erweisen, die kleinere zu unterstützen.

Ein Unfall bestärkte seinen Wunsch zu bleiben noch zusätzlich. Eines Tages kam Mr. Goodwin in das untere Zimmer; saß eine Viertelstunde lang auf dem Stuhl in Adriances Klausur und beobachtete das Geschehen. Diese gelegentlichen Besuche hatten viel dazu beigetragen, „Andys" Autorität zu festigen, und wichen gleichzeitig der Zustimmung des Managers gegenüber der neuen Ordnung der Dinge. Aber dieses Mal hatte Mr. Goodwin dem jungen Mann etwas zu sagen, den er und Cook als eine glückliche Entdeckung ihrer selbst betrachteten.

„Andy", begann er und benutzte den Spitznamen, den Adriance selbst vorgeschlagen hatte, als er die positive Zurückhaltung bemerkte, mit der der alte Herr vertraut mit dem verehrten Namen des Fabrikbesitzers umging; „Andy, morgen findet ein Treffen im Büro von Mr. Adriance in New York City statt; ich werde anwesend sein." Er räusperte sich ein wenig wichtig. „Es ist mir eine Freude, die hervorragende, wirklich hervorragende Arbeit zu erwähnen, die Sie hier geleistet haben. Ich werde Sie persönlich erwähnen."

Anthony legte vorsichtig die Papiere ab, die er in der Hand hielt, und blieb stehen, während sich auf seinem Gesicht die Sorge verfinsterte. Er sah, was kommen würde, und er sah keine Möglichkeit, es aufzuhalten. Er wollte nicht, dass sein Vater von einem Außenstehenden oder bei einer öffentlichen Versammlung von seiner Anwesenheit erfuhr. Er wollte Mr. Adriance seine eigene Geschichte erzählen und ihre Verwandtschaft sollte ihm dabei helfen. Er wollte Elsie dem Mann erklären, der sich für Mrs. Masterson einsetzte; er wollte ihm von der kommenden neuen Adriance erzählen . Er hielt es kaum für möglich, dass sein Vater ihm die einfache Gelegenheit, um die er gebeten hatte, verweigern oder versuchen würde, das ungeheuerliche Unrecht einer

Trennung zwischen Mann und Frau zu erzwingen, wenn er es verstand. Aber wenn ihm die bloße Tatsache vor Augen geführt würde, dass Tony heimlich bei ihm angestellt war, war Mr. Adriance durchaus in der Lage, dies als zusätzlichen Trotz und sogar Spott über sich selbst zu betrachten. Die Rede von Herrn Goodwin verlief ruhig wie folgt:

„Ihre Fähigkeiten sind wirklich außergewöhnlich, außergewöhnlich; ich bin sicher, dass sie gebührend geschätzt werden. Sie leisten viel bessere Arbeit als Ransome. Ich werde Ihnen mitteilen, dass ich eine neue Position für Sie mit einem neuen Gehalt schaffen darf. Ich würde gerne Sie müssen die gesamte Versandabteilung auf dieser Etage beaufsichtigen, nicht nur den Speditionstransport.“

„Du bist sehr gut“, murmelte Adriance ; „Dafür bin ich vielleicht noch nicht ganz bereit. Bis zum nächsten Treffen –“

„Ich habe gesagt, dass Sie kompetent sind“, erinnerte ihn Mr. Goodwin mit einiger Steifheit. „Ich bin es gewohnt, über solche Angelegenheiten zu urteilen, bitte denken Sie daran. Ich bin mir ganz sicher, dass Mr. Adriance sich darüber freuen wird, dass sich eine seiner Verbindungen, selbst eine entfernte Verbindung, auf diese Weise von dem gewöhnlichen Angestellten abhebt.“

„Nein! Das heißt – ich würde mir wünschen –“ Adriance ertappte sich dabei, wie er stolperte, und errötete vor den erstaunten Augen des anderen. „Ich meine, der Einfluss der Familie kann mir in dieser Hinsicht nicht weiterhelfen. Können Sie die Angelegenheit Mr. Adriance vorlegen , ohne meinen Namen zu nennen?“

Der ältere Mann erstarrte vor großer Verwunderung. Ganz langsam nahm er mit ein wenig unsicheren Fingern seinen *Zwicker* ab .

„Bestimmt nicht“, sagte er starr. „Warum sollte ich so etwas Bemerkenswertes tun?“

Diese Herausforderung war nicht leicht zu beantworten. Die Stille hielt unangenehm an. Durch die Bresche, die es verursachte, sickerte ein dünner Strom von Zweifeln, der sich schnell zu einem vollen Strom von Misstrauen steigerte. Adriance konnte immer noch nichts darauf erwidern und die Situation wurde mehr als peinlich. Endlich stand Mr. Goodwin auf.

„Ich bedauere, dass ich diesen Vorschlag gemacht habe“, sagte er. „ Natürlich war es nicht meine Berechnung, dass Sie etwas zu verbergen hatten, insbesondere nicht vor Mr. Adriance . Wir werden die Angelegenheit natürlich vorerst fallen lassen.“

„Du meinst, dass ich hier so weitermachen darf, wie ich bin?“

„Das hoffe ich. Sie werden verstehen, dass es meine Pflicht ist, Herrn Adriance mit dieser Angelegenheit zu befassen. Es ist nicht richtig, dass ich in seinem Namen einen Mann anheure, der Angst davor hat, dass sein Arbeitgeber seine Anwesenheit hier bemerkt. Ich werde bieten Guten Morgen.

Dieser Zustand war schlimmer als der erste. Adriance erkannte, dass er in die Enge getrieben wurde , warf einen hastigen Blick um sich, fand niemanden in Hörweite seines kleinen Geheges und machte einen Schritt auf den Mann zu, der ihn gerade verlassen wollte.

„Warten Sie! Mr. Goodwin, ich bin Tony Adriance .“

Der kleine alte Herr starrte ihn verständnislos an.

„Mein Vater weiß nicht, dass ich hier bin, niemand außer meiner Frau weiß es. Willst du dich nicht wieder hinsetzen und mir zuhören?“

Mr. Goodwin starrte ihn immer noch stumm an. Der junge Mann lächelte trotz seiner Verärgerung und Besorgnis und erwiderte ruhig die prüfende Haltung. Er war sich durchaus darüber im Klaren, dass er in seiner Arbeitskleidung, den Händen, die von der Handarbeit des Winters zeugten, und seinem Gesicht, das von der Bräune des monatelangen Windes und der Sonne gebräunt war, kaum so aussah, wie er es vorgab; das heißt, wenn Mr. Goodwin etwas über den ehemaligen Tony Adriance wüsste . Aber er hielt die aufrichtige Ehrlichkeit seiner Augen für die Lektüre des anderen offen und wartete. Hätten Mr. Goodwin diese eher ungewöhnlichen blauschwarzen Augen, die er und sein Vater gemeinsam hatten, im hellen Tageslicht gesehen, wäre er vielleicht früher identifiziert worden. Jedenfalls überzeugten sie jetzt, auch im trügerischen Licht.

„Es gibt eine Ähnlichkeit“, murmelte Mr. Goodwin.

„Zu meinem Vater? Ja, ich denke schon; es wurde mir gesagt.“

"Aber warum--?"

Eine der üblichen Unterbrechungen rief Adriance weg, bevor er antworten konnte. Der alte Herr saß benommen da und beobachtete ihn. Als das Fahrzeug vorbeigefahren war, wandte sich Adriance wieder dem anderen Mann zu.

„Ich habe letzten Herbst ohne Rücksprache mit meinem Vater geheiratet“, sagte er leise. „Würden Sie heute Abend mit mir in meinem eigenen Haus oben auf dem Hügel speisen, Mr. Goodwin, und lassen Sie mich Ihnen erklären, was ich tue und warum ich es tue? Wenn Sie irgendwelche Zweifel an meiner Identität haben, können Sie das tun Du kannst es leicht beheben, indem du meinen Vater fragst, wenn du ihn heute siehst, ob sein Sohn zu Hause ist oder nicht.

Mr. Goodwin hatte einige Schwierigkeiten, seine Stimme zu finden.

„Nein, ich würde es lieber verstehen, bevor ich Mr. Adriance sehe . Kommen Sie jetzt in mein Privatbüro; Cook kommt hier eine Stunde ohne Sie zurecht. Ich bin verblüfft, sogar verwirrt, Andy – Mr. Adriance –"

„Versuchen Sie es mit ‚Tony'", schlug der andere mit seinem plötzlichen Lächeln vor.

also der empörte Koch mit doppelten Pflichten zu kämpfen hatte, saßen Adriance und Mr. Goodwin einander in dessen Privatbüro gegenüber und unterhielten sich lange.

Mit Ausnahme der Masterson-Seite der Angelegenheit erzählte Adriance die Geschichte ohne Vorbehalte. Er hoffte, Mr. Goodwins vorübergehendes Schweigen zu gewinnen, aber tatsächlich gewann er mehr, als er für möglich gehalten hätte. Herr Goodwin war aufgeregt und interessiert wie seit Jahren nicht mehr. Als Adriance zu Ende ging, war der andere der aufgeregteste von beiden.

„Du wirst meinem Vater heute nichts von meiner Anwesenheit hier erzählen, willst du mir Zeit geben, es selbst zu tun?"

„Ich werde es besser machen", sagte Mr. Goodwin sehr bewegt, „ich werde Ihnen helfen – ich adoptiere Sie sozusagen. Mr. Adriance –"

„Tony."

„Tony, ich werde dich ausbilden, um hier meine Nachfolge anzutreten. Ich wünsche mir sehr, in den Ruhestand zu gehen, wie ich dir gesagt habe. Meine Frau und ich – wir haben keine Kinder – haben schon lange geplant zu reisen; wir haben sogar die Orte ausgewählt, die wir besuchen würden und Die Routen, die wir am liebsten nehmen würden. Es ist, könnte ich sagen, seit Jahren unser Traum; aber Mr. Adriance wollte nicht auf meinen Wunsch hören, zu gehen. Er erklärt, dass es an meiner Stelle niemanden gibt, dem er vertrauen könnte." Stolz färbte sich auf dem dünnen alten Gesicht. „Seine Wertschätzung schmeichelt mir; aber jetzt werde ich ihm einen Nachfolger geben, dem er vertrauen kann. Es ist sehr passend, dass Sie diese Position haben. Ich werde ihm nichts sagen, wie Sie es wünschen; aber betreten Sie hier mein Büro und studieren Sie." Die Leitung dieses Unternehmens liegt bei mir. Ich übernehme die Verantwortung selbst."

Adriance war wiederum erstaunt und zutiefst berührt und ergriff die angebotene Hand.

„ Natürlich wissen Sie, dass ich keine ausreichenden Worte der Dankbarkeit finden kann, Mr. Goodwin. Wenn Sie tatsächlich so gut sind, werden Sie feststellen, dass es mir an meinen Fähigkeiten nicht mangelt."

„Sie haben es schon ziemlich weit gebracht", sagte sein Vorgesetzter trocken.

Was wie ein Unglück schien, war zu einem seltsamen Glück geworden. Mr. Goodwin zerstreute bereitwillig jeden Zweifel, den er an Tonys Identität hegte. Am nächsten Morgen, als er zu seinem gewohnten Platz gegangen war, hielt ihn ein Angestellter an und brachte ihn in Mr. Goodwins Privatbüro, wo ein Schreibtisch auf ihn wartete.

„ Natürlich ist alles mein Name, oder vielmehr der meines Vaters", sagte Adriance an diesem Abend zu Elsie. „Es gibt dort bereits eine Menge klügerer Männer als ich, die vermutlich so weitermachen werden wie bisher. Cook ist einer von ihnen. Aber ich bin nicht altruistisch genug, um das Glück, in das ich hineingeboren wurde, wegzuwerfen, das bin ich. " Ich habe Angst. Ich werde alles nehmen, was Goodwin mir gibt, und wenn mein Vater sich weigert, mich dort zu behalten, wird mich die Ausbildung zumindest fit machen, um an einem anderen Ort unseren Lebensunterhalt zu verdienen."

„Mann, du hast nicht genug Eitelkeit, um dich richtig zu ernähren", sagte Elsie ernst.

Mr. Goodwin erwies sich als härterer Zuchtmeister als Cook oder Ransome. Er begann die Ausbildung von Tony Adriance mit einem enthusiastischen Eifer, gemildert mit einer gewissenhaften Strenge, die ihn im Detail anspruchsvoll und akribisch machte. Adriance liebte die Natur so gern, dass er zeitweise den Lastwagen vermisste – es gab sogar Stunden, in denen er wehmütig an den Russen Mike dachte; aber er lernte schnell unter der erzwungenen Kultivierung. Jetzt erkannte er, wie oberflächlich das Wissen über die Fabrik gewesen war, auf die er im Versandraum stolz gewesen war, und wie absurd unzureichend er für die Leitung des großen Unternehmens gewesen wäre, wenn sein Vater es in seine Hände gegeben hätte. Aber unter Mr. Goodwin wurde er tatsächlich zu dem, von dem er sich einst vorgestellt hatte. Ganz nebenbei wuchs zwischen Lehrer und Schüler eine herzliche Bindung zueinander; Und da diese Verbundenheit offensichtlich war, da der neue Mann in jeder Abteilung, in die er geschickt wurde, um Erfahrungen zu sammeln, als „Mr. Adriance " bekannt war und Mr. Goodwin ihn „Tony" nannte, war seine Identität in der Fabrik bald kein Geheimnis mehr . Aber der dienstälteste Adriance hatte nie persönlichen Kontakt mit irgendeinem Mitglied der Truppe außer Mr. Goodwin, daher war ihm das egal. Adriance war weiterhin als Chauffeur eingetragen und erhielt das entsprechende Gehalt.

Die echten Chauffeure, deren Kamerad Andy gewesen war, sahen ihm neugierig nach und flüsterten miteinander, als er zufällig vorbeikam, obwohl seine Grüße an sie die gleichen waren wie immer. Cook verzichtete auf den Gebrauch von „Andy" und sagte „Sir", wenn der junge Mann ihn plötzlich ansprach. Herr Goodwin riet seinem Schüler, solche Dinge kommentarlos durchgehen zu lassen. Entweder wäre Anthonys Position gesichert und er würde eine solche Ehrerbietung verlangen, oder er würde die Fabrik ganz verlassen; In beiden Fällen wäre Protest nur heuchlerisch oder nutzlos.

Der Zeitpunkt, an dem Anthony zu seinem Vater gehen und ihm von der Affäre berichten sollte, wurde auf unbestimmte Zeit verschoben. Je mehr man zuerst erreicht, desto besser. Insgeheim fürchteten sowohl er als auch Goodwin die Möglichkeit, dass Mr. Adriance sich weigern würde, Anthony in seiner Position weiterzuführen, entweder aus Groll oder aus mangelndem Vertrauen in Tonys Fähigkeiten.

Manchmal verspürte Anthony die starke Befürchtung, dass ihm vielleicht genau die Vorbereitung, die ihn für den Ort geeignet hatte, den er sich so sehr gewünscht hatte, diesen auch wieder verlieren würde. Es war mehr als möglich, dass Mr. Adriance sich sehr darüber ärgern würde, was ohne sein Wissen getan wurde. In gewisser Weise stärkte Anthony sich auf dem Territorium seines Vaters, um sich dem Willen des älteren Mannes gegenüber Mrs. Masterson zu widersetzen. Anthony hat nie gelernt, ohne stellvertretende Scham und Schmerz über den Verrat zu denken, den sein Vater gegen Elsie geplant hatte. Er konnte diese Vorstellung nicht mit dem in Einklang bringen, was ihm die gemeinsamen Jahre über seinen Vater gezeigt hatten. Aber er arbeitete daran und verdrängte aus seinem Kopf, was er nicht beheben konnte.

KAPITEL XIX

DIE ADRIANZEN

Die Wochen vergingen ruhig und brachten den Frühling als einzigen Besucher in das kleine rote Haus. Masterson war eingeladen worden, doch er nutzte die Einladung nie. Die Adriances sprachen nicht von ihm und taten in stillschweigender Übereinkunft so, als ob sie den einzigen schmerzhaften Abend vergessen würden, den sie seit ihrer Heirat verbracht hatten.

Das Ereignis, das wie eine explodierende Granate in das beschauliche Haus einschlug und sein gewohntes Leben so wahrhaftig wie durch materielle Zerstörung zerstörte, kam ganz ohne Vorwarnung. Es wählte einen der ersten Abende im April, an dem ein zarter, pastellfarbener Sonnenuntergang den Tag so anmutig abschloss wie der *Absender* eines Gedichts.

Elsie bereitete sich auf ihren Mann vor, so wie sie ihm einst in dieser Stunde die Beschäftigung einer Frau beschrieben hatte, und so hatte alles unbewusst den Tempel seines Herzens gereinigt und die falschen Götzen abgeworfen, um sich einen Platz für sie selbst zu schaffen. Der Tisch war gedeckt, sie selbst war in Kleidung und Stimmung herrlich frisch; Das kleine Haus wartete erwartungsvoll auf die Rückkehr des Mannes. Die sanfte Schmeichelei der Liebe umgab Adriance , wann immer er diese Schwelle überschritt; Das Leben hatte ihm in diesem kahlen Schulzimmer einen neuen Luxus beigebracht.

Elsie sang, während sie ihren angenehmen Aufgaben mit der so hübsch anzusehenden geschickten Sicherheit und Schnelligkeit nachging; Sie sang ein beschwingtes, inkonsequentes kreolisches *Chanson* , samtweich wie die Zweige grauer Weidenkätzchen, die sie nun in einem gedrungenen, irdenen Gefäß zu arrangieren begann. Sie war glücklich mit einer tiefen, bleibenden, standhaften Zufriedenheit und einem Glauben, der keine Angst zuließ.

Sie hörte zu, während all ihrer Beschäftigungen. Das Knistern von Anthonys schnellen, eifrigen Schritten auf dem alten Kiesweg hätte sie sofort zur Tür gebracht. Aber das Geräusch eines Autos, das vor dem Tor anhielt, blieb unbemerkt; Tag und Nacht fuhren viele Autos auf dieser Straße. Also kam Masterson wie zuvor unangekündigt in das Haus seines Freundes. Nur fand er dieses Mal die Tür offen vor und trat ein, ohne anzuklopfen. Als sich sein Schatten im Raum verdunkelte, drehte sich Elsie um und sah ihren Besucher.

Eher ihre Besucher. Masterson trug in der Armbeuge eine winzige Gestalt, die von der Quastenmütze bis zu den kleinen Leggings in weißen Cord gekleidet war . Die mit Grübchen versehene, rötlich-helle Wange des Kindes drückte sich gegen das abgenutzte, bleiche junge Gesicht des Mannes, der leuchtende Babyblick blickte neben den fiebertrüben Augen des anderen hervor. Ein pummeliger Arm umfasste fest Mastersons Hals.

"Stechpalme!" Elsie weinte, die Weidenknospen glitten ihr durch die Finger. „Warum – wie –? Oh, wie er gewachsen ist! Holly, Baby, erinnerst du dich nicht an Elsie? Er tut es, wirklich – bitte lass mich ihn haben!"

Masterson gab seinen Auftrag bereitwillig auf, legte Holly in die ausgestreckten Arme und beobachtete die darauffolgende Szene voller Unsinn und Zuneigung. Er sagte nichts und bot auch keine Unterbrechung an. Als Elsie ihn schließlich wieder ansah und ihre Erinnerung und Neugier wiedererlangte, waren Baby und Frau gleichermaßen rosarot und strahlend.

„Aber – wie ist es passiert?" Sie wunderte sich. „Wurde – wurde die Vereinbarung schließlich eingehalten? Soll Holly jetzt bei dir bleiben?"

Der Mann begegnete ihrem Blick mit einer seltsamen Mischung aus Trotz und Bitte. Jetzt erkannte sie, dass er in einem Zustand schrecklicher Aufregung war und dass seine Stummheit nicht die Apathie gewesen war, die sie sich eingebildet hatte. Er stand kurz vor einem Zusammenbruch, dessen psychische Gesundheit möglicherweise irreparabel war. Ihre Frage wurde durch ihre eigene schnelle Wahrnehmung beantwortet, bevor er sprach.

„Ich habe ihn gestohlen. Nein! Ich habe ihn *nicht* gestohlen, ich habe meinen eigenen mitgenommen. Es war im Park – er war bei einer Krankenschwester, und sie hat ihn geschlagen. Sie kannte mich nicht. Ich war angehalten, um einen Blick darauf zu werfen von ihm. Nun, das ist alles, was Lucille ihm jemals geben wird: Krankenschwestern! Sie wollte ihn nie und hatte nie Zeit, sich um ihn zu kümmern. Sie mag keine Kinder. Er stolperte, fiel hin und die Frau schlug ihn – mehr als einmal."

Sie sah ihn mit dem Gefühl hilfloser Unfähigkeit an, ihm zu helfen oder ihn zu verurteilen. Jede bewusste Faser in ihr setzte sich für seine Sache ein, außer ihrer Vernunft. Wie konnte dieser kranke Mann hoffen, Holly gegen die Welt aufzuhalten?

"Du--?" sie zögerte.

„Ich habe dir erzählt, was ich getan habe; ich habe ihn ihr weggenommen. ,Sag Mrs. Masterson, dass Holly mit seinem Vater gegangen ist', sagte ich. Das war alles. Ich trug ihn zu meinem Auto und fuhr direkt hierher. Du Wird er für mich behalten? Du und Tony? Ich muss gehen; um zurückzukommen und meinen letzten Kampf zu führen."

Elsie setzte das Baby sanft ab. Sie erkannte, was Masterson in seiner benommenen und selbstsüchtigen Versunkenheit übersah: dass sie und Anthony in einen Konflikt hineingezogen werden würden, der für sie sicherlich böse sein würde. Mrs. Masterson muss sich darüber ärgern und das

Gesetz auffordern, die Entführung rückgängig zu machen. Sie selbst und Anthony würden aus ihrer glücklichen Dunkelheit gerissen, ihre langen Flitterwochen wären zu Ende. Noch bedrohlicher wäre, dass Anthonys Position in der Fabrik seines Vaters von den Zeitungen entdeckt und ausgenutzt würde, mit dem wahrscheinlichen Ergebnis, dass Mr. Adriance diese Situation beenden würde, indem er den spontanen Angestellten entlässt.

Aber sie dachte nie daran, Masterson wegzuschicken. Die Babyhände, die ihr Kleid ergriffen, griffen tiefer in ihr Herz. Außerdem war dieser Mann in Not Antonius' Freund und einer, dem er Sühne für ein Unrecht schuldete, das er geplant, wenn nicht gar begangen hatte.

„ Selbstverständlich behalten wir ihn", versprach sie freundlich und selbstverständlich. „Aber du musst auch bleiben. Dir geht es nicht gut und du musst dich eine Weile ausruhen – es ist absurd, von Kämpfen zu sprechen, wenn du kaum stehen kannst. Setz dich da in diesen Sessel. Gleich wird Anthony nach Hause kommen, dann wir Essen Sie zu Abend und reden Sie über all das.

Der gelassene gesunde Menschenverstand beruhigte und kühlte sein Fieber. Seufzend entspannte er seine angespannte Haltung.

„Ich muss gehen", wiederholte er, aber ohne Entschlossenheit.

Als Antwort zog sie den Stuhl vor. Er ließ sich hineinsinken und lag, anstatt zu sitzen, zwischen den Kissen, passiv angesichts ihrer Festigkeit.

Elsie ging die Sache mit ihrem unermüdlichen Sachverstand an. Sie nahm Hollys Umhänge ab und improvisierte mithilfe eines Wörterbuchs und eines Kissens einen Hochstuhl. Unter fröhlichem Geschwätz bereitete sie das Abendessen für ihren kleinen Gast zu, band ihm eine Serviette unter das dicke Kinn und überwachte das Abendessen. Hunger und Schlaf wetteiferten, bevor das Brot, die Milch und das weichgekochte Ei aufgegessen waren. Danach trug Elsie einen sehr schläfrigen kleinen Jungen in ihr Zimmer und baute ihm ein Nest in ihrem Antiquitätenladen-Himmelbett. Masterson sah zu, stumm und aufmerksam auf jede Bewegung der beiden, als ob die einfachen Handlungen ein dramatisches Interesse hätten. Als Elsie von dem schlafenden Baby zurückkam, sagte er plötzlich:

„Weißt du, ich meine nur, dass du ihn für heute Nacht behältst, nicht für immer. Ich werde zurückkommen, um ihn zu holen. Du weißt alles, was ich für ihn und mich selbst geplant habe. Das hat mich in Eile gebracht, aber ich habe genug Geld. Geld verdient." Habe ich Ihnen schon erzählt, dass Mr. Adriance , Tonys Vater, mir eine beträchtliche Summe angeboten hat, damit ich mich im Restaurant nicht mehr zum Narren halten kann? Nein? Das hat er. Ich glaube, dass die Beschäftigung ihres ehemaligen Mannes Lucille auf die Nerven geht." Er lachte und bewegte seinen Kopf auf den Kissen des Stuhls mit hoher Rückenlehne. „Nun, ich habe abgelehnt."

"Natürlich!"

„Du wusstest, dass ich es tun würde? Dann gewährst du mir mehr Gnade als sie."

„Sie? Sie sagten, Mr. Adriance habe angeboten –"

Er warf einen scharfen Blick auf ihr Gesicht und drehte dann sein eigenes Gesicht zur Seite, damit es ihre tastenden Gedanken nicht leiten konnte.

„Ich muss gehen", sagte er erneut. Aber er rührte sich nicht, und Elsie auch nicht.

Die Pause wurde durch Anthonys Pfiff unterbrochen, das Signal, das seine Frau immer über seine Rückkehr informierte.

Aber heute Abend war es nicht der fröhliche Hagel der Sitte. Die klaren Töne waren erschüttert und brachten kurz und knapp etwas von Wut oder Kummer zum Ausdruck. Elsie reagierte äußerst empfindlich auf jede seiner Veränderungen und Stimmungen und fing beide Nachrichten auf, die absichtliche und die unbewusst gesendete. Sie ließ eine Schachtel Streichhölzer, die sie mitgenommen hatte , auf den Tisch fallen und rannte zur Tür.

Es öffnete sich, bevor sie es erreichte. Anthony, dessen Gesicht von unterdrückter Wut verdunkelt war und dessen Bewegungen durch den Zwang, den er ihnen auferlegte, steif waren, zeichneten sich deutlich in der sanften, klaren Dämmerung der Aprildämmerung ab. Er schaute sich um und hielt die Tür seines Hauses offen, um einen Gast förmlich hereinzulassen.

„Meine Frau, Sir", stellte er seinem Vater kurz das Mädchen vor, das vor ihrem Eintritt erstaunt zurückwich.

Mr. Adriance zeigte nicht weniger Anzeichen von innerem Sturm als sein Sohn. Aber er blieb stehen und grüßte seine Schwiegertochter mit präziser Höflichkeit.

„Mrs. Adriance ", bestätigte er die Präsentation, seine Stimme war besser kontrolliert als die des jüngeren Mannes.

„Zünde die Lampe an, Elsie", forderte ihr Mann und zog die plumpen Chauffeurhandschuhe aus, die er zu Hause getragen hatte. „Es scheint, dass wir unter dem Verdacht stehen, Kinder gestohlen zu haben. Mein Vater hat uns die Ehre erwiesen, uns aufzusuchen und mich zu beschuldigen, dass ich bei der Entführung von Mrs. Mastersons Sohn mitgewirkt habe. Ich habe noch nicht genau herausgefunden, welches Interesse ich vermute ob ich in die Dame oder ihre Angelegenheiten verwickelt sein soll oder ob man annimmt, dass ich in ein Banditenunternehmen verwickelt bin, um Lösegeld zu erpressen. Aber ich verstehe, dass draußen ein Detektiv ist, der wahrscheinlich das Haus durchsuchen möchte."

Elsie machte keine Anstalten, dem Befehl zu gehorchen. In dem unbestimmten Licht war Mastersons Anwesenheit unbemerkt geblieben, da er von dem tiefen Stuhl, in dem er saß, überschattet wurde. Sie hatte keine Angst oder war so verwirrt, dass sie daran gedacht hätte, ihn zu verstecken, aber sie war noch nicht bereit zu handeln.

„Mein Sohn ist wie immer ungenau", gab Mr. Adriance ihr Raum und half ihr unbewusst durch seine Verärgerung. „Es ist bekannt, dass Mr. Masterson mit dem Kind die Edgewater-Fähre überquert hat, und wir wissen, dass er an diesem Ort keine Freunde außer Tony und Ihnen suchen würde. Sein Gehirn ist jetzt kaum noch stark genug, um längere Umzüge zu planen. Sicherlich Es bedarf keiner Erklärung, dass wir ein zweijähriges Kind aus den Händen eines drogenverrückten Inkompetenten retten wollen?"

Elsie legte ihre Hand auf die Streichholzschachtel und wunderte sich, dass die anderen beiden nicht wie sie das deutlich hörbare Atmen des Mannes im Sessel hörten.

„Das ist er kaum", lehnte sie ab. „Aber was wirst du tun, wenn du ihn findest?"

„Zu ihm? Nichts. Wir wollen das Kind. Wenn er jedoch weiterhin die Dame, die seine Frau war, ärgert, muss er in ein Sanatorium gebracht werden."

„Elsie, warum sagst du nicht, dass wir von all dem nichts wissen?" „Forderte Anthony hart in seiner starken Ungeduld. „Warum schüren Sie Misstrauen, indem Sie streiten? Ich sage nicht, dass ich Holly Masterson nicht beherbergen würde, wenn er hier wäre – im Gegenteil, ich sollte es tun! Aber ich sage, dass er nicht hier ist, Sir, und ich erwarte mein Wort." genommen werden. Elsie –"

Seine Frau streckte ihm mit einer beruhigenden Geste die Hand entgegen.

„Jetzt werde ich die Lampe anzünden", sagte sie mit ihrer vollen, ruhigen Stimme.

Seltsamerweise standen die beiden wütenden Männer da und beobachteten sie. Der von der Flamme berührte Docht brannte zunächst langsam, das Licht steigerte sich allmählich zu seiner vollen Kraft; Der strahlende Kreis kroch hervor und empor, erwärmt durch den purpurnen Schatten, durch den er ging. Es kroch wie eine helle Flut, bestrahlte die Gestalt der Frau, die hinter dem Tisch stand, erhob sich über die edle Wölbung ihres Busens und überflutete die geschwungene Vertiefung ihres Halses, wo ein kleines Ebenholzkreuz auf einer Oberfläche aus Elfenbein lag, und überschwemmte sie Zuletzt wirkte ihr Gesicht großzügig und glitzerte in ihren grauen, gelassenen, furchtlosen Augen. Sie sah aus und war Herrin des Ortes und der Situation; vielleicht war sie die Einzige, die wegen all der Anwesenden nicht an sich selbst dachte.

„Sehen Sie", unterbrach sie die Pause, „es gab viele Ausreden. Es ist immer klüger und freundlicher, auf die Ausreden für Taten zu hören; ich denke, normalerweise gibt es eine. Mr. Masterson liebt seinen kleinen Sohn sehr, und das auch getrennt worden zu sein, ist schrecklich für ihn. Aber er war geduldig, er hat sich bis heute nicht eingemischt; er sah, wie Holly von der Krankenschwester geschlagen und grob behandelt wurde. Er konnte das nicht ertragen und einfach zusehen. Niemand konnte es! Also Mr . Masterson gehorchte seinem ersten Impuls, schnappte sich das Baby und brachte es tatsächlich hierher. Es ist erst eine Weile her, Anthony; eine ganz kleine Weile."

Bevor Adriance etwas sagen konnte, erhob sich der dritte Mann aus den Schatten ins Licht. Er lachte leicht, seine ganze rücksichtslose, allzu weibliche Schönheit war irgendwie wiederhergestellt, als er ihnen gegenüberstand.

„Hier ist Ihr drogenverrückter Inkompetent, Mr. Adriance ", spottete er. „Ist Ihnen die Erziehung Ihres eigenen Sohnes so gut gelungen, dass Sie die Erziehung meines Sohnes übernehmen wollen?"

Die Beleidigung veränderte die Atmosphäre in die eines brutalen Krieges. Elsie zog sich zurück und erkannte, dass dieses Feld nichts für sie war. Mr. Adriance betrachtete seinen Gegner mit Bedacht als kalt und sehr gefährlich.

„Ich denke, einen Vergleich zwischen meinem Sohn und dir kann man sich kaum leisten, ihn in Frage zu stellen", sagte er bissig.

„Nein", gab Masterson zu. Er lachte wieder. „Aber vor einem Jahr – wer war dann der beste Bürger? Fred Masterson mit all seinen Mängeln oder Tony Adriance , der hinter Mastersons Frau her ist? Warte, Tony! Ich sage das nicht für dich; du hast mit dem fiesen Spiel aufgehört Sobald du gesehen hast, wohin es führt. Ich erkläre deinem Vater hier nur, dass der Unterschied zwischen dir und mir hauptsächlich darin liegt – unsere Frauen. Natürlich sollten wir uns nicht auf unsere Frauen stützen; wir sollten stark sein und unabhängig. Aber ich wurde nicht so geboren, und Sie auch nicht. Lucille wollte, dass ich unten bin, und ich bin unten; Mrs. Adriance wollte, dass Sie aufstehen, und Sie stehen auf. Seien Sie ehrlich und sagen Sie sich selbst die Wahrheit , wenn du es nie sprichst, Tony. Was deinen Vater betrifft: Wenn unsere Erziehungsberechtigten uns anders angefangen hätten, wäre es bei uns vielleicht nicht so gewesen. Ich weiß es nicht, aber das ist die Chance, die ich Holly gebe. Er wird es tun Ich muss seine Ausbildung nicht unterwegs abholen. Ich habe ihn hierher gebracht, und hier bleibt er bei Frau Adriance , bis ich ihn mitnehme. Sie hat mir ihr Versprechen gegeben.

„Sie vergessen, dass das Gericht das Kind seiner Mutter übergeben hat", erinnerte ihn Mr. Adriance , bevor Anthony antworten konnte. „Und lassen Sie mich Ihnen sagen, dass ich nichts außer Verachtung für einen Mann hege, der seine Verantwortung auf die Schultern einer Frau abwälzt."

„Ich auch nicht", erwiderte Masterson. „Haben Sie geglaubt, dass ich noch Eitelkeit hätte oder dass meine Selbstachtung noch atmet? Sie sind langweilig, Mr. Adriance ! mit mir, nicht mit seiner Mutter. Glaubst du, ich verstehe nicht, warum sie ihn will, und du willst, dass sie ihn hat? Das liegt daran, dass er eine soziale Rechtfertigung ist; ihr Besitz von ihm brandmarkt mich als denjenigen, der in unserem vermisst wird Partnerschaft. Nun, er soll nicht so geopfert werden."

„Darf ich fragen, wie Sie dies durchsetzen wollen?"

„Das darfst du, und ich werde es dir sagen." Er schien die Ironie und Entschlossenheit des älteren Mannes voll und ganz zu erwidern. „Ich kann es durchsetzen, weil Ihnen die Öffentlichkeit im Allgemeinen am Herzen liegt, und ich nicht; weil es eine schöne Schluchzergeschichte wäre: wie Hollys verkommener Vater ihn vor Vernachlässigung und Misshandlung rettete und ihn einer brutalen Krankenschwester in der … entführte Park; und wie Mr. Adriance , *der* Mr. Adriance , das Kind verfolgte und zurückeroberte. Die Zeitungen wären daran interessiert zu erfahren, dass Mr. Adriance den gesamten Masterson-Scheidungsfall mit seinem gewohnten Taktgefühl und Erfolg gemanagt hatte. Sie könnten sich fragen, warum er Ich habe mich gefragt, wissen Sie. Das heißt, ich hätte mich vielleicht gefragt, wenn ich nicht gewusst hätte, wie sehr Sie einst Mrs. Masterson als mögliche Schwiegertochter gebilligt haben, bevor Tony Sie mit seiner Heirat enttäuscht hat um sich selbst zu gefallen. Sie haben den Ruf, niemals eine Niederlage einzugestehen; und schließlich sind zwei Scheidungen so richtig wie eine! Ich bitte um Verzeihung, Mrs. Adriance .

Elsie stieß einen schwachen Schrei aus, als sie plötzlich mit dem abscheulichen Ding konfrontiert wurde, das Masterson ihrem Mann in der Nacht gezeigt hatte und das Anthony von ihrem Spielkameraden zu ihrem Verteidiger und Kämpfer gemacht hatte .

„Fred!" Anthony stieß einen empörten Tadel aus und sprang an die Seite des Mädchens.

Sie packte heftig seinen Arm, als er sie umklammerte. Plötzlich war sie eins mit den Männern in guter Stimmung, brannte vor Trotz und war bereit, für sich selbst Krieg zu führen. Und Anthony gehörte ihr, so wie sie ihm gehörte.

Sie drückte sich eng an ihren Mann und hielt ihn fest. Zusammengerückt traten die drei, die Jugend hatten, gegen den Mann an, der alles andere hatte.

Aber Mr. Adriance war wie bei jedem Schuljungen durch seine feine, graue, leicht verwelkte Haut gerötet. Seine dunklen Augen leuchteten auf und verhärteten sich zu einem unversöhnlichen, grimmigen Zorn, der die Leidenschaft der jüngeren Männer in den Schatten stellte und sie kindisch erscheinen ließ.

„Sie werden sich zurückhalten, wenn Sie von der Dame sprechen, die das Pech hatte, Sie zu heiraten", bedeutete er mit einer abgehackten, präzisen Sprache, die bedrohlicher war als jede Drohung. „Seit gestern ist sie meine Frau."

Die offensichtlichste aller Möglichkeiten war keinem der drei, die die Ankündigung hörten, in den Sinn gekommen. Der Effekt hielt die Gruppe stumm. Alle Gedanken mussten neu ausgerichtet werden, alle jüngsten Erfahrungen mussten auf diesen neuen Blickwinkel ausgerichtet werden . In der langen Pause gähnte Anthonys Hund mit dem lächerlichen Seufzen und Knacken eines glücklichen Welpen; Die tickende Uhr und der singende Wasserkocher schienen den Raum mit einer Woge alltäglicher, häuslicher Geräusche zu erfüllen, die alles komplizierte Leben verspotteten. Schließlich waren die Menschen einfach und das Böse meist eine Chimäre. Verschwörungen und Gegenverschwörungen lösten sich zu einem höchst natürlichen Ereignis auf; Mr. Adriance war durch Anthonys Flucht in die Kameradschaft von Lucille Masterson geraten und hatte sich verliebt. Wahrscheinlich hatte er ihr zunächst durch Mitgefühl geholfen, wie Anthony es selbst getan hatte. Der Rest war kein Geheimnis.

Die rücksichtslose Herausforderung und die falsche Fröhlichkeit erstarben aus Mastersons Gesicht und ließen es langweilig und trostlos wie eine Bühne zurück, wenn das Stück zu Ende ist und das künstliche Licht und die künstlichen Farben erloschen sind. Plötzlich sah er abgemagert und entsetzlich krank aus. Unter seinen Augen verdunkelten sich Ringe, als wären sie mit dem blauen Buntstift eines Künstlers hineingestrichen worden. Er wurde besiegt; mit seinem eingebildeten Recht auf Groll und Verachtung verlor er auch jegliche Lebhaftigkeit. Das Feuer war offenbar für immer gelöscht.

„Ich entschuldige mich natürlich", sagte er, seine leblose Gelassenheit war ein schlechter Vergleich zu seinem früheren Verhalten. „ Sicherlich wäre ich – na ja, weniger offenherzig gewesen, wenn ich es verstanden hätte. Bitte überbringen Sie meine Glückwünsche an Mrs. Adriance . Zweifellos werden Sie glücklich sein, da Sie alles kaufen können , was sie will. Aber weder Sie noch sie können sich darum kümmern, es zu behalten." Holly Masterson in deinem Haus. Ich will ihn. Schließlich bin ich sein Vater, weißt du, und habe

Anspruch auf eine Richtung in seiner Zukunft. Nein? Komm, ich werde mit dir verhandeln! Lass ihn hier und ich werde was tun Für Geld habe ich mich geweigert: Ich werde mit dem öffentlichen Tanzen aufhören und verschwinden."

Das unerwartete Angebot lockte. Der Zorn in den Augen von Mr. Adriance ließ nicht nach, aber es schlichen sich Spekulationen über ihn ein. Seine Abscheu vor Skandalen drängte ihn, diesen Ausweg zu erwägen, damit der Name seiner Frau nicht ständig mit den Eskapaden ihres ersten Mannes in Verbindung gebracht würde. Von Mastersons Genie, spektakuläre Unruhen zu stiften, konnte keine Rede sein. Außerdem würde Holly weiterhin bei den Adriances sein , so dass die Würde gewährleistet war. Er glaubte nicht, dass Masterson wirklich die Absicht hatte, sich mit dem Kind zu belasten. Lucille Masterson hatte sich eine Meinung über den anderen Mann gebildet; er traute ihm keine gute oder stabile Absicht zu.

„ Natürlich muss ich Mrs. Adriance konsultieren ", antwortete er steif. „Aber ich habe keinen Zweifel daran, dass sie Ihren Wünschen in dieser Angelegenheit nachkommen wird, da Tony jetzt der Stiefbruder des Kindes ist. Das heißt, wenn mein Sohn und seine Frau bereit sind, die Verantwortung zu übernehmen, die Sie ihnen auferlegen?"

Als er zu dem Schluss kam, drehte er sich zu den beiden um. Zum ersten Mal sahen sich die Senioren und Junioren von Adriance wirklich als Mann für Mann an. Denn „Tony" existierte nicht mehr; An seiner Stelle trat jemand, den der Ältere noch nicht kannte. Tatsächlich waren er und Tony lediglich nette Bekannte gewesen; er und dieser neue Mann waren Fremde.

„Warum, ja", antwortete Anthony auf die indirekte Frage. Er hatte seine Fassung wiedergewonnen, während die anderen ihre Fassung verloren hatten. Seine kühle Standhaftigkeit und Haltung standen in starkem Kontrast zur angespannten Anspannung seiner Gäste; Er sprach sowohl für sich selbst als auch für Elsie mit der selbstbewussten Meisterschaft, die sie in diesen vielen Monaten in ihm zum Leben erweckt hatte. „Wir werden uns um Holly kümmern, bis sein Vater ihn beansprucht, es sei denn, es wird zu schwierig für mich, für meine eigene Familie zu sorgen. Wie Sie vielleicht sehen, Sir, sind wir nicht reich."

„Ist das meine Angelegenheit?"

„Das war nicht der Fall. Aber es wird so sein."

„Als Frage des Geldes –"

Anthony überprüfte den Satz mit einer Geste. Er befreite sich sanft von Elsies Umklammerung an seinem Arm und zog aus einer Tasche seines rauen

Mantels das Notizbuch, das so viele seiner Freizeitstunden in Anspruch genommen hatte.

„Sagen wir mal eine geschäftliche Frage", schlug er vor. „ Vor sechs Monaten bin ich als Chauffeur bei Ihnen angetreten. Sie werden feststellen, dass meine Bilanz nichts dagegen spricht. Ich dachte damals nicht daran, einen Vorteil daraus zu ziehen, dass die Mühle Ihnen gehörte; ich habe genau so gearbeitet, wie ich musste." Ich habe es für jeden Fremden getan. Ich kam weder zu spät noch war ich abwesend, ich habe jeden Tag etwas mehr geschafft als der durchschnittliche Chauffeur vor Ort. Cook und Ransome können Ihnen sagen, ob ich ihnen Genugtuung gegeben habe. Ich spreche nur darüber, Sir, weil ich es sollte Ich möchte, dass Sie verstehen, dass ich es ernst meinte. Erst nachdem Monate an dieser Arbeit vergangen waren, begann ich darüber nachzudenken, meine Position zu ändern. Eines Tages wurde Ransome krank. Ich bat um seine Stelle, um ein besseres System zur Überprüfung der zu testen Ich habe dies zunächst provisorisch, dann dauerhaft erhalten. Tatsächlich funktionierte das System so erfolgreich, dass – Mr. Goodwin mich besuchen kam." Er zögerte. „Ich wünschte, Sie würden Mr. Goodwin bitten, Ihnen selbst etwas darüber zu erzählen, was passiert ist."

"Sehr gut."

Die lakonische Zustimmung war irgendwie beunruhigend.

„Ich musste ihm sagen, wer ich bin", fuhr Anthony mit weniger Gewissheit fort. „Bevor das passierte, wollte ich herausfinden, wie du dich verhalten würdest, aber ich hatte keine andere Wahl. Er war gut genug, mich in seine aufzunehmen." Büro und bieten Sie mir an, mir die Leitung Ihrer Fabrik beizubringen. Jetzt –"

„Nun, da es eine Geschäftssache ist", sagte Mr. Adriance trocken, „was wollen Sie?"

„Ich will die Chance eines Fremden und deine Anziehungskraft", war die prompte Antwort; Anthonys Lächeln strahlte Ernsthaftigkeit aus. „Das heißt, ich möchte, dass Ihr Einfluss mir Mr. Goodwins Position als Manager verschafft, und danach bin ich bereit, auf der Grundlage meines geschäftlichen Wertes für Sie zu stehen. Goodwin ist alt und möchte unbedingt in den Ruhestand gehen. Wenn ich seinen Platz für länger behalte ein Jahr und verdiene sein Gehalt nicht, dann entlassen Sie mich und ich werde mich nicht beschweren. Ich kenne diesen Teil Ihres Geschäfts besser als Sie, Sir. Sie sind brillant, ein Genie für große Angelegenheiten; ich habe in mir eine Fähigkeit entdeckt für die akribische Liebe zum Detail. Nehmen Sie dieses kleine Buch mit nach Hause? Es enthält eine Sammlung von Notizen und Zahlen, für die Sie einem Außenstehenden gerne etwas bezahlen würden. Mr. Goodwin und ich haben festgestellt, dass die Anlage enorm verschwenderisch ist; jede Abteilung trägt ihren Beitrag dazu bei Ich möchte eine Chance haben, diese Arbeit zu erledigen, ein Haus oben auf dem Hügel zu kaufen, das mir gefällt, und meine zarte Frau aus dem Süden in eine für sie geeignete Umgebung unterzubringen. Lassen Sie es zu? Verdiene ich das alles?"

„Mir ist nicht bewusst, dass es meine Gewohnheit war, Sie zu stören", erwiderte Mr. Adriance . Er musterte seinen Sohn mit eisiger Missbilligung. „Zwischen Ihnen und Mr. Masterson scheint klar zu sein, dass ich der typische Unterdrücker von Fiktion und Melodram bin. Schauen Sie sich bitte die andere Seite des Schildes an. Letzten Herbst haben Sie sich entschieden, zu heiraten und mein Haus zu verlassen. Sie haben beides getan, ohne zu bezahlen Ich habe mir die unbedeutende Höflichkeit erwiesen, Ihre Absichten bekannt zu geben. Ich wusste von keinem Streit zwischen uns. Die Unhöflichkeit erschien mir völlig unbegründet. Dennoch habe ich alle losen Enden geknüpft , die Sie hinterlassen hatten. Ich habe verhindert, dass Ihre Ehe in den Zeitschriften Aufsehen erregte . Die Dame, die jetzt meine Frau ist, hat mir geholfen, unsere Freunde davon zu überzeugen, dass Ihre Hochzeit keineswegs ungewöhnlich oder unerwartet, wenn auch etwas plötzlich, war und dass Sie die junge Dame aus Louisiana in ihrem Haus getroffen haben. Kurz gesagt, ich habe meine Neugier unterdrückt , eine Aufgabe, mit der Sie sich nicht beschäftigt hatten. Sie haben sich entschieden, als LKW-Fahrer hierher zu kommen. Sie haben nicht gefragt, ob mir das angenehm wäre. Das war es nicht, aber ich hatte keine Einwände. Oh ja, natürlich ich Ich habe gewusst, was du getan hast! Warum sollte ich es nicht wissen? Jetzt begegnen Sie mir mit der Miene eines behinderten und verfolgten Mannes. Warum?"

„Ich habe mich geirrt", gab Anthony schlicht zu. Er war vor der Zurechtweisung heiß errötet, aber sein Blick begegnete dem seines Vaters offenherzig und mit einer Erleichterung, die lieber sich selbst als die Schuld des anderen empfand. „Ich habe es nicht verstanden. Es tut mir leid."

Sie schüttelten sich die Hände. Ein Zwang zwischen ihnen war nicht zu vermeiden. Die Heirat des älteren Mannes hatte sie auseinandergebracht. Über Lucille Adriance waren unverzeihliche Dinge gesagt worden ; Dinge, die die beißende Beständigkeit der Wahrheit hatten.

„Ich werde dafür sorgen, dass Goodwin in den Ruhestand geht", bemerkte Herr Adriance . „Sie werden seinen Platz einnehmen, und die Arbeit dieses Winters kann als Ihre Laune dienen, das Geschäft von Grund auf zu studieren. Ich habe heute Abend auf dem Weg hierher eine Stunde damit verbracht, Ihre Angelegenheiten mit ihm zu besprechen . Ich hatte ihn angerufen, um mich zu erkundigen Ihre genaue Adresse. Er hat sich bereit erklärt, für ein oder zwei Monate als Ihr Berater und Assistent zu bleiben, bis

Sie ganz zu sich selbst gefunden haben. Und natürlich werde ich für Sie da sein. Das reicht für heute Abend, ich bin auch schon hier geblieben lang. Kommen Sie morgen in mein Büro.

Als er sich zur Tür umdrehte, erwartete ihn Elsie. Einen Moment zuvor war sie den beiden Männern entwischt.

„Das ist das erste Mal, dass Sie in Anthonys Haus sind", sagte sie, ihre sanfte Rede war sehr gewinnend. „Sie gehen nicht, ohne unsere Gastfreundschaft in Anspruch zu nehmen?"

Sie hielt ein kleines rundes Tablett in der Hand, auf dem eine Tasse und ein Teller standen. Die Handlung war anmutig und anmutig, seltsam fremdartig wie ihre eigenen Legenden. Mr. Adriance blickte sie an, verneigte sich dann feierlich, hob den Kaffee hoch und trank.

„Ich glaube, ich hatte vergessen, Tony zu gratulieren", bedauerte er. „Gestatten Sie mir dies ganz herzlich."

Anthony schloss die Tür hinter seinem Gast; Plötzlich störte das Geräusch eines startenden Motors die ruhige Stille des Frühlingsabends.

„Ich möchte mein Abendessen", verkündete Anthony praktisch. „Ich werde nichts mehr von deinem Kochen haben, Elsie. Was wirst du mit deiner freien Zeit machen – Bridge spielen lernen?"

Sie rannte in seine Arme.

KAPITEL XX

DER GRUNDSTEIN

Als sie nach Fred Masterson suchten, war er nicht da. Elsie erinnerte sich dann daran, dass er in Hollys Zimmer gegangen war, während Anthony und sein Vater aufeinander bedacht waren. Auf dem Bett, in dem das Baby schlief, fanden sie einen Umschlag, auf den eine Nachricht gekritzelt war.

„Ich bin vorerst weg", las Anthony. „Ich komme morgen oder am nächsten Tag vorbei, wenn Holly wach ist. Ich danke Mrs. Adriance für mich. Ich werde altmodisch sein, Tony – Gott segne euch beide."

„Er wird nie kommen, ich weiß es!" rief Elsie , ihre dicken Wimpern waren feucht. „Können wir nicht etwas tun? Können wir ihm nicht nachgehen?"

„Ich werde ihm nachgehen", stimmte ihr Mann zu. "Aber nicht Heute." Er zerknüllte den Umschlag und warf ihn beiseite. „Fred Masterson geht nicht kampflos unter. Wenn Ärzte, Sanatorien, seine Liebe zu Holly und unsere Hilfe ihn wieder auf die Beine bringen können, wird er geheilt und alles tun, wovon er träumt. Morgen werde ich ihn finden." ."

"Nicht heute Nacht?"

„Heute Abend nicht. Elsie, verstehst du das nicht? Er hat seine Frau geliebt. Wenn ich dich so verloren hätte – wenn du jemand anderen geheiratet hättest –"

Sie legte ihre kleinen Finger auf seine Lippen und unterdrückte so das Sakrileg.

„Nein! Lass unser kleines Haus dich nicht einmal hören, wenn du es sagst!"

„Noch irgendein Haus von uns! Morgen werde ich das Haus kaufen, das wir gemeinsam angeschaut haben, und Sie werden eine Einkaufsorgie veranstalten, um es einzurichten. Oh ja, das werden Sie, und ich werde Ihnen helfen. Haben Sie viel Dunkelheit." Rote Sachen und braunes Leder in dem Wohnzimmer, in dem du mir von Alenya vom Meer erzählt hast. Und – müssen Kinderzimmer rosa sein?"

„Natürlich nicht, Dummkopf. Vielleicht machen wir unser Exemplar sonnenfarben, wie das seidige Innere einer Butterblume oder ein Tropfen Honig in einer Narzisse. Anthony –"

"Ja?"

Die regengrauen Augen lachten ihn an, zurückhaltend und verwegen.

„Bitte, ich möchte einen Umhang, der außen wunderschön und innen pelzig ist; ein schimmernder, glitzernder, nutzloser Brokatumhang wie die in der Garderobe dieses Restaurants. Ich – ich will ihn einfach!"

"Woher weißt du das?" er wunderte sich über sie. „Woher weißt du immer, wie du mich am meisten erfreuen kannst? Was für eine Zeit wir haben werden, Mädchen! „Ich habe mir keine Chance gegeben und dann Mr. Goodwin heruntergebracht, um zu sehen, wie ich damit umgegangen bin. Wer kann sagen, wie viel ich vielleicht verpasst habe? Ich werde ihn hierher bringen, damit Sie ihn sehen können, bevor wir umziehen. Sie haben gewonnen." „Stört es dich nicht?"

„Probieren Sie es aus und sehen Sie."

„Und wir werden meinen ersten Urlaub in Louisiana verbringen! Können wir nicht jedem Mädchen – einschließlich Ihrer Mutter – einen Koffer voller Müll bringen? Bestechen wir einen Verleger, um das poetische Drama herauszubringen, falls es jemals fertig ist. Ah, seien Sie bereit zu kommen nächste Woche zu Tiffany. Ich werde dir einen Rubin kaufen, der so groß ist wie die Diamantenwerbung auf den Rückseiten der Zeitschriften.

„Anthony!"

"Zwei von ihnen!"

„Liebes", sie zögerte, „werden wir so viel Geld haben? Ich verstehe nicht ganz –"

Ihr Mann sah sie an und lachte.

„Sie haben nicht gelernt, Ihren Schwiegervater zu verstehen. Ich selbst habe dieses Studium nicht gemeistert, aber ich kenne einige Zweige. Er ist kein halbherziger Mann. Er wird von Tony und Mrs. Tony erwarten, dass sie präzise vorgehen." wie Tony es immer getan hat. Und wir werden ihn mit unserer Kleingeistigkeit beleidigen und abstoßen, wenn wir das nicht als selbstverständlich ansehen. Wenn ich mich an die Dinge erinnere , die ich Fred erlaubt habe, mich von ihm glauben zu lassen! Elsie, ich hätte es mir immer verdienen können Ich lebe irgendwie; ich denke, die beste Nachricht heute Abend war, dass es meinem Vater so gut geht, wie ich aufgewachsen bin, um ihm zu glauben. Bei George, ich habe ihm nie gesagt –"

„Was, Liebling?"

„Weißt du das nicht?"

Sie hatten ihr verspätetes Abendessen fast beendet, als Adriance eine Stunde später mit einem Ausruf seine Tasse abstellte und über den Tisch hinweg seine Frau anstarrte.

„Mir ist gerade etwas eingefallen! Jetzt verstehe ich, was Lucille Masterson an diesem Tag in der Teestube von mir wollte. Sie zwang mich, mein Wort zu geben, niemandem zu sagen, dass sie bereit war, mich zu heiraten. Ich war wütend genug dass sie ein solches Versprechen für notwendig halten sollte. Aber jetzt verstehe ich den Grund: Sie fürchtete, ich könnte meinem Vater genug von dieser Affäre erzählen, um zu verhindern, dass er sich in sie verliebt. Du kennst ihn nicht, Elsie. Wenn er sie verdächtigt hätte Die Bindung an ihn war Gier, und da sie bereit gewesen war, entweder Adriance zu heiraten , um die Adriance- Besitztümer zu bekommen, hätte er nichts geduldet, um sie zusammenzubringen, überhaupt nichts. Ich nehme an, sie sagte ihm, dass sie mich nie anders betrachtete als einen angenehmen jungen Narren . Denk an uns!" Er schob seinen Stuhl zurück und drehte sich wütend durch den Raum. „Fred, ich und mein Vater – alles Marionetten, die sie bewegen kann!"

„Holly hat Mrs. Masterson und ich habe Sie", widersprach Elsie und verzog den Mund zu einem Lächeln, als ihr Blick ihm folgte. „Und ich glaube nicht, dass sie Ihren Vater hat, Anthony; ich glaube, er hat sie. Wissen Sie – entschuldigen Sie, Liebes – Sie und Fred Masterson waren beide zu jung und unerfahren. Und Ihr Vater hörte wider Willen, Mr. Mastersons Geschichte heute Abend. Ich leihe mir einen Satz von Mike aus: „Sie hat einen Chef." Lasst die Mühlen mahlen; wir wissen, welches Getreide wir einfüllen! Anthony, hast du bemerkt, dass ich deinem Vater Kaffee in der Vesuv-Tasse gegeben habe? Wenn ihm die Fünf-Cent-Gräueltat aufgefallen wäre, würde er mich ausgrenzen; und du weißt, wer ihn gekauft hat. "

„Es ist eine gute Tasse!" Er ließ sich wieder auf seinen Stuhl fallen und beugte sich über den Tisch, um ihre Hände in seine zu fassen. „Elsie, wir werden dieses Haus niemals verkaufen oder irgendetwas daran ändern, oder? Wir können oft nur für einen Tag darauf zurückkommen. Es war der Anfangsort, egal wie weit wir gehen."

„Ja. Oh ja! Anthony, unser Ruhestein ist unser Eckstein; darauf werden wir bauen, prächtig bauen, ewig –"

Ihre Stimme stockte vor der Vision. Schweigend blickten die beiden einander in die Augen und sahen ein fest verankertes Glück, das sie wie gefaltete Flügel umschloss.

FERTIG